F. DE SANDOVAL

EMILIO CASTELAR

COUP D'ŒIL SUR SA VIE

SON TEMPÉRAMENT D'ÉCRIVAIN, SON ŒUVRE

ET LES TENDANCES QUI S'EN DÉGAGENT

CONTENANT DES EXTRAITS

DES PLUS REMARQUABLES DISCOURS DE L'ÉMINENT ORATEUR

AVEC UN BEAU PORTRAIT HORS TEXTE

PARIS

MOROT FRÈRES ET CHUIT, ÉDITEURS

18, RUE DE L'ANCIENNE-COMÉDIE, 18

1886

EMILIO CASTELAR

BOURLOTON. — Imprimeries réunies, B, rue Mignon, 2.

F. DE SANDOVAL

EMILIO CASTELAR

COUP D'ŒIL SUR SA VIE
SON TEMPÉRAMENT D'ÉCRIVAIN, SON ŒUVRE
ET LES TENDANCES QUI S'EN DÉGAGENT

CONTENANT DES EXTRAITS
DES PLUS REMARQUABLES DISCOURS DE L'ÉMINENT ORATEUR

AVEC UN BEAU PORTRAIT HORS TEXTE

PARIS
MOROT FRÈRES ET CHUIT, ÉDITEURS
18, RUE DE L'ANCIENNE-COMÉDIE, 18

1886

PRÉFACE

Tout ce qui se dit, tout ce qui s'écrit de nos jours, paraît à un moment solennel de l'Histoire.

Nous vivons, en effet, à une époque de transition, de transformation, de renouvellement. C'est là une vérité qui n'est sérieusement contestée par personne.

La seule question qui se pose est celle-ci : Que résultera-t-il de ce travail que les uns appellent un travail de refonte, et les autres un travail de décomposition ?

Sur ce point, les philosophes sont partagés en deux camps, le camp des pessimistes d'un côté, le camp des optimistes de l'autre.

Le monde, disent les premiers, est voué à une ruine prochaine et inévitable. Les trônes et les anciennes dynasties croulent; les institutions se brisent comme verre, l'homme gémit plus que jamais sous le joug des nécessités de la vie, l'âge d'or qu'il croyait devoir se réaliser dans l'idéal moderne, fuit devant lui comme une ombre vaine et insaisissable; la voix des révolutions gronde dans les antres populaires; l'esprit public, désorienté, marche à la dérive sans pilote et sans boussole; la foi chancelle dans les âmes; les idées modernes hésitantes cherchent leur voie et les générations leur assiette; la guerre prête à déchaîner ses fureurs sur l'humanité; l'ingratitude est dans tous les cœurs, la déloyauté dans les consciences, le dégoût dans les âmes; le scepticisme, ce monstre aux mille bras, ce parasite mortel, étend de toutes parts, comme un lierre, ses rameaux enveloppants, et étreint les racines, le tronc et les branches de l'humanité, comme pour l'étouffer.

De tous côtés, enfin, des augures inquiétants, des présages sinistres, des symptômes anormaux, annoncent que nous approchons d'un de ces terribles bouleversements qui changent la face des choses.

Ces signes précurseurs de grands cataclysmes sont indéniables; partout s'élabore un travail intestin et profond; la lave bouillonne dans le gouffre social; le monde craque; on le sent sourdre et vibrer. Ne pas le voir serait une puérilité. L'humanité ne marche plus, elle se traîne; cela est visible. Aujourd'hui les convulsions douloureuses, demain la paralysie et la gangrène, puis, comme conséquence inévitable : la mort. Tel est, ajoutent-ils, le sort réservé aux sociétés pourries, empoisonnées par le virus d'une civilisation trop avancée. Les peuples, qui, comme tous les organismes, ont une durée limitée, meurent quelquefois comme Carthage d'un coup d'épée reçu dans une bataille; mais par un destin contraire, nos civilisations sont destinées à finir comme l'ancienne Rome, en se traînant misérablement dans le sang et dans la boue. Combien de temps cette agonie durera-t-elle? Nul ne le sait. Cinq, dix, vingt siècles; peut-être plus, peut-être moins. Les siècles n'étant d'ailleurs que des jours dans la vie de l'humanité, la question de temps importe peu, puisque le résultat est inévitable. Ainsi parlent les pessimistes.

La seconde catégorie de philosophes dont nous parlons, les optimistes, envisagent les choses tout autrement : ils ne nient pas eux non plus, ce qui est indéniable, à savoir que les sociétés modernes soient travaillées par un ferment transformateur, mais ils croient que, quelles que soient d'ailleurs les phases de ce que leurs adversaires — les pessimistes — appellent une maladie, et qu'ils persistent, eux, à ne considérer que comme un léger trouble causé par l'effort nécessaire à une société pour franchir un des termes de la série d'évolutions progressives de l'humanité, ils croient, disons-nous, que quoi qu'il puisse arriver, il restera toujours de cette prétendue décrépitude un germe ou plutôt une larve, d'où sortira, tout armée comme Minerve, du cerveau de Jupiter, une société nouvelle plus parfaite et plus robuste que l'ancienne, quelque papillon rare et merveilleux, aux ailes teintes des couleurs des plus brillantes destinées et des plus riantes perspectives.

Sous le premier drapeau, on peut ranger d'abord Vico, le créateur de la philosophie de l'histoire, dont les doctrines se résument en ceci : tout organisme social doit passer inévitablement par les trois phases suivantes : des temps héroïques à la barbarie, de la barbarie à la civilisation, pour finir par où il a commencé, c'est-à-dire pour revenir à l'état primitif, et parcourir de nouveau les mêmes étapes.

Vient ensuite, de nos jours, Tolstoï, émule de Vico, qui est en outre d'avis que le cycle de ces évolutions est maintenant, ou sera bientôt révolu, ce qui signifie que nous sommes menacés de revenir sous peu à un état semblable à celui où se trouvait la terre au temps d'Hercule et de Deucalion.

Sous le second drapeau nous pouvons mettre en première ligne l'illustre écrivain dont nous essayons de faire connaître la vie et les travaux.

Sa foi dans l'avenir est inébranlable. Il est de ceux qui voient le ciel bleu.

Comme bien on pense, nous ne commettrons pas la bévue de prendre fait et cause pour l'une ou l'autre des deux opinions ci-dessus, ni de nous immiscer dans un débat qui roule sur des matières trop transcendantes pour que nous puissions nous permettre d'émettre le moindre avis. Laissons ces questions à d'autres plus autorisés. Quant à nous, ayant une préface à écrire, nous avons pris pour thème, le croyant en harmonie avec la nature de ce travail, de rappeler l'existence d'un débat qni n'est pas encore vidé — comment pourrait-il l'être! — et qui, certes, ne manque pas d'intérêt. Notre seule intervention se bornera à ce rôle modeste, aux optimistes nous dirons : Vous allez peut-être un peu trop loin ; et pour ce qui est des pessimistes, ce sera leur faire une réponse suffisante que de leur prouver, par l'exposé que nous ferons des idées de Castelar dans le cours de ce livre, que tous les penseurs ne sont pas de leur avis.

La haute situation politique occupée par Emilio Castelar, n'est pas ce qui nous a déterminé à écrire cette courte Biographie. Castelar, plus qu'homme politique et qu'orateur, est un penseur éminent. Or, rien n'est plus utile lorsqu'on veut connaître exactement l'esprit d'une époque que de savoir quelles sont les idées et les opinions des hommes les plus marquants de cette époque. Nous dirons même que c'est peut-être le seul moyen de le bien connaître. Les écrits de Platon et de Cicéron servent plus pour la connaissance de l'antiquité, que celle des batailles gagnées ou perdues par Marius et par Sylla et les faits et gestes des factions qui se disputaient le pouvoir à Rome dans les temps d'anarchie.

Qu'on nous permette une comparaison à ce sujet.

Certaines doctrines religieuses, d'accord en cela avec un grand nombre de philosophes, ont considéré l'apparition de l'homme sur la terre comme le couronnement, l'achèvement de l'œuvre créatrice de Dieu, et l'homme lui-même, comme le microcosme, la réduction, le résumé de l'univers tout entier.

Il en est de cette idée comme de beaucoup d'autres; paradoxes un moment, surtout pour les esprits qui ne sont pas en communauté de sentiments avec ceux qui les ont émises ou qui les professent, elles s'imposent dans la suite comme des vérités indiscutables, lorsque le bandeau de la passion ne voile plus le regard des générations ou que les progrès scientifiques ont permis de les envisager dans toute leur étendue et leur vérité. Cela se vérifie pour celle qui nous occupe.

C'est ainsi que, en dépit d'une certaine science de nos jours qui aime mieux imposer ses dogmes que d'en démontrer le fondement, les penseurs les plus éminents de ce temps, les Kant, les Fischte, les Hegel, lorsqu'ils veulent pénétrer la raison dernière des choses, ne dirigent pas leurs investigations du côté du monde extérieur; c'est au cerveau de l'homme, âme de l'univers, qu'ils adressent leurs présentes questions. Le monde, les astres, la matière, le temps ne sont à leurs yeux que des fictions aussi vaines et aussi creuses que le mythe antique, sans autre réalité que celle purement subjective de notre sensibilité interne, par qui tout existe et en dehors de laquelle il n'y a que le vide et le néant, ou tout au plus des choses — Kant les appelle *noumenes* — qui affectent notre sensibilité d'une manière déterminée, mais qu'il nous est absolument impossible de connaître en elles-mêmes, et sur la nature desquelles nous sommes condamnés à une ignorance éternelle.

De même lorsque les générations futures — et ce qui est vrai pour les générations futures l'est aussi pour celles présentes — voudront étudier et connaître l'esprit et les causes des événements, des époques et des générations qui les ont précédées, elles étudieront moins les drames, les vicissitudes, les guerres, les révolutions par lesquels nous sommes passés, tous les éléments matériels en un mot de notre existence historique, que les opinions, les idées, les doctrines qui ont germé dans le cerveau de quelques-uns des hommes remarquables de ce temps, parce que ces idées et ces doctrines sont comme la condensation, la cristallisation, la concrétion idéale de l'esprit et de la vie d'une époque, et que tout le reste, guerres ou duels, grandeurs ou misères, gloires ou douleurs, ne sont par rapport à l'esprit d'une époque que comme les scories qui restent au fond du creuset par rapport au pur et limpide métal. Certains hommes sont donc à l'esprit d'une époque ce que l'homme est à la création, une synthèse, ou si l'on aime mieux un miroir où se reflète la physionomie historique de l'humanité, limitée dans l'espace et dans le temps.

A ce point de vue, nous avons cru que les doctrines et les idées d'Emilio Castelar méritent plus que tout autres d'être connues et examinées d'une façon spéciale.

Telle est la raison qui a donné lieu de composer cet écrit.

EMILIO CASTELAR

I

Il est une manière presque unique d'écrire une biographie. Elle consiste à dérouler parallèlement, aux yeux du lecteur, les circonstances de la vie du personnage que l'on veut faire connaître et la série des événements politiques ou autres auxquels il a été mêlé. En combinant ces deux ordres d'éléments et en enchâssant les faits les uns dans les autres on atteint le but poursuivi d'une façon méthodique et naturelle. Cette manière ne saurait convenir à un travail de la nature de celui-ci. Si nous écrivions pour des Espagnols, nous nous empresserions de l'adopter; mais écrivant exclusivement pour le public français, nous devons nous borner à ne mentionner que les faits indispensables à faire connaître notre personnage, sans surcharger notre récit de détails qui n'offriraient qu'un fort minime intérêt. D'ailleurs, c'est ici le moment de le dire, notre but est moins de nous occuper de l'homme politique que de montrer l'écrivain et de donner une idée de l'esprit de ses œuvres; c'est surtout à cette dernière partie que nous nous attacherons en passant rapidement sur la première. La carrière politique de Castelar est assez connue pour que nous puissions nous dispenser d'en parler longuement; ce qui l'est moins, ce sont ses œuvres littéraires et les tendances qui s'en dégagent. C'est elles que nous voulons avant tout faire connaître.

Emilio Castelar a aujourd'hui cinquante-deux ans. Né à Cadix, en Andalousie, patrie des Sénèque, des Averrhoes, des Lucain et de tant d'hommes remarquables, mais élevé à Elde, province d'Alicante, les premières années de sa jeunesse, ces années qui laissent dans le cœur des souvenirs si doux et des empreintes si durables, furent partagées entre l'affection de sa mère et les soins de sa première éducation.

Cordoue et ses six cents mosquées; Cordoue peuplée il y a dix siècles de plus d'habitants que n'en avaient Berlin et New-York il y a dix ans; Cordoue, séjour et délices des rois maures, remplie encore aujourd'hui de vestiges de sa grandeur passée et de souvenirs glorieux et impérissables; Grenade et son Alhambra, sorte de fantasmagorie architecturale, toute constellée d'émaux et d'arabesques qui la font ressembler à un chef-d'œuvre d'orfèvrerie; jadis à l'aspect si vivant, si animé et aujourd'hui triste et mélancolique comme une amante délaissée; Séville et sa Giralda, que baigne le Guadalquivir[1], un nom que l'on dirait inventé pour les batailles, dans lequel il y a comme des flamboiements de boucliers et des cliquetis d'épées; un fleuve qui a charrié plus de sang que le Xanthe et porté plus d'âmes que le Styx; Cadix, la vieille cité phénicienne, éternellement jeune malgré ses trois mille ans, et si belle que deux océans se disputent sans

1. Prononcez *Gouadalkivir*.

trève à ses pieds le bonheur de les embrasser : tel est en raccourci l'admirable spectacle au milieu duquel son enfance s'est développée ; et si en quittant Elde pour se rendre dans la capitale, où les soins de son éducation allaient l'appeler, l'enfant aux yeux transparents et profonds comme les horizons du pays natal avait l'esprit assez développé pour pouvoir jeter un regard contemplatif sur toutes ces beautés, nul doute qu'il n'emportât déjà dans son âme le germe de cette puissante inspiration qui devait lui permettre de verser plus tard sur la nature entière plus de charme et de poésie qu'elle ne lui en avait prêté.

Fort jeune encore, il avait eu le malheur de perdre son père. Sa mère, femme excessivement pieuse et austère, mais plus passionnément dévouée encore au bonheur de celui qui était son fils unique et sa seule consolation ici-bas, crut devoir aller se fixer à Madrid à peu près vers l'époque où le jeune homme fut en âge de faire choix d'une carrière à l'aide de laquelle il put se suffire à lui-même. Le bonheur de posséder une telle mère constituait alors à peu près tout son patrimoine.

Peu de temps avant son arrivée, il avait été fondée dans la capitale une école dite École normale de philosophie. On y enseignait le grec, le latin, l'esthétique et problablement aussi les autres branches de la philosophie. Ce fut dans cette école où Castelar entra à l'âge de quinze ans environ. L'enseignement donné dans cet établissement était assez en harmonie avec ses aptitudes; il y fit de rapides progrès; sa mémoire était d'ailleurs prodigieuse, et son goût pour l'étude très prononcé. Une circonstance assez bizarre faillit le détourner de sa véritable vocation.

L'école où il était, et qui avait été fondée, ainsi que nous l'avons dit, en vue de l'enseignement de la philosophie, se trouva, par suite d'un remaniement des programmes, transformée en école de droit. Grâce à cette circonstance, Castelar se vit tout à coup lancé dans un genre d'études qui ne pouvait en aucune façon convenir à sa nature ardente et à son imagination exaltée; il était à prévoir qu'il n'y persévérerait pas longtemps. En effet, à peine eut-il goûté pendant un an de cet enseignement aride, et passé, sans aucune espèce de préparation, des rêves brûlants d'une imagination juvénile et toute remplie des impressions classiques, aux froids calculs de la raison, résumés dans les formules plus froides encore du *Digeste*, des *Institutes* ou autre *corpus juris*, qu'il comprit qu'il lui serait impossible de s'assimiler une dose suffisante de ce genre de savoir. Dès lors sa résolution fut prise; il quitta le droit et revint à ses études préférées, l'histoire.

Son application était grande, sa mémoire prodigieuse, son désir de savoir extraordinaire. Pas un livre ne lui tombait sous la main qu'il ne fût feuilleté, lu et relu avec une avidité fébrile. Athènes, Rome, Sparte, Memphis, Tyr, Jérusalem exerçaient sur son esprit un attrait irrésistible. Il étudie, il scrute les plus petits faits, les moindres détails de leur existence aventureuse, traversée par tant de fluctuations et de revers. Tyr, cette civilisation improvisée, disparue dans la mer de Carthage, comme une cité fantastique; Rome, qui a vu à ses pieds tous les rois de la terre, depuis Cléopâtre jusqu'à Jugurtha, et qui meurt dans la personne de Placide, prostituée au lit de ce sauvage qui s'appela Ataulphe; Jérusalem, cette grande captive, sorte de Magdeleine pécheresse, pas plus tôt repentie qu'égarée de nouveau; Memphis, étonnante apparition surgissant comme une ombre sépulcrale de la poussière de ses hypogées à la manière des feux follets de nos cimetières, ou comme un effet de mirage enfanté dans l'esprit des historiens par l'obscurité des temps semblables à ceux produits par un phénomène contraire dans l'atmosphère brûlante des déserts africains ; et tous ces spectres formidables, ces fantômes fascinateurs, ces évocations imposantes ; tous les grands noms, les glorieux souvenirs, les épopées incroyables, les fastes historiques défilaient comme un cortège interminable devant son regard ébloui, grandis et magnifiés par le prestige du temps, réalisant dans son âme une espèce de psycagogie sublime, plus belle dans sa consistance éphémère, que la plus solide et vivante réalité.

A côté de l'éducation du cœur, il y a celle de l'esprit. L'une s'adresse au sentiment, l'autre est plus particulièrement du ressort de l'intelligence. Les sources où Castelar a puisé, pour ainsi dire, les germes de ses premières idées sont au nombre de trois. Trois écrivains, trois littératures se sont partagé la tâche de former son esprit. Ce sont Chateaubriand, Lamartine et Donoso Cortés, qu'on a appelé tour à tour le de Bonald et le de Maistre de l'Espagne.

La littérature française du dernier siècle et celle de la première moitié de celui-ci ont, il faut le reconnaître, exercé une influence décisive sur l'esprit de presque tous les peuples de l'Europe. La mode, ce grand apôtre des bonnes comme des mauvaises doctrines, après avoir fait circuler *Graziella*, *Jocelyn* et le *Génie du christianisme* dans tous les salons de la France, leur avait fait franchir ces limites et transportés au delà des frontières où la renommée les ayant déjà devancés leur avait ménagé des succès non moins solides que ceux obtenus jadis par l'*Encyclopédie* et les écrits de l'auteur du *Contrat social.* Il est peu de générations de ces dernières soixante années qui ne se soient frottées et imbues, plus ou moins, des idées répandues dans les livres que nous venons de mentionner. Castelar, aussi bien, ou mieux peut-être que le reste de ses contemporains, a subi l'ascendant de ces littératures. Ses premiers ouvrages, *Ernest*, *Alphonse le Sage*, la *Sœur de Charité* sont là pour l'attester. Ses idées d'alors étaient un mélange de libéralisme et de catholicisme éclairé dans le genre de celui de Chateaubriand. Le sentimentalisme souvent ondoyant de Lamartine n'est pas sans avoir aussi tant soit peu déteint sur son tempérament d'écrivain.

On s'est demandé comment, avec de

pareils débuts et de tels éducateurs, il a pu se faire que Castelar ait penché du côté des idées démocratiques et faussé compagnie aux doctrines religieuses. Parmi ceux qui cherchent à découvrir la raison de ces sortes de revirements de l'esprit, les uns les attribuent à un accroissement de lumières, d'autres en voient l'origine dans des causes bien différentes. C'est là une question fort délicate que nous n'avons garde de trancher. Aussi bien Castelar n'est pas le seul chez qui on ait eu occasion d'en constater de semblables, tantôt dans un sens, tantôt dans un autre. Victor Hugo ne fut-il pas pendant longtemps le chantre autorisé des rois qui ont régné sur la France, pensionné par la branche aînée des Bourbons et pair de France sous la branche cadette? Eugène Sue, qui avait été le romancier préféré de l'aristocratie, dont il flattait les goûts, en devint plus tard le détracteur. Cabanis, devenu l'apôtre de l'incrédulité, finit par faire un éclatant retour à la foi. Par contre, d'autres, il est vrai, s'en sont séparés avec non moins d'éclat après lui avoir été soumis. Cette instabilité des convictions de l'homme ne prouve rien ni pour ni contre les doctrines embrassées ou répudiées. On ne peut y voir qu'une preuve de la faiblesse de l'esprit humain. En ce qui concerne Castelar, on a prétendu que sans la révolution qui eut lieu en Espagne en 1854, il n'aurait jamais planté sa tente dans le camp démocratique, et qu'il aurait peut-être été un jour le plus fervent défenseur de la doctrine catholique, l'équivalent d'un Joseph de Maistre ou d'un Donoso Cortés. Ce qui a pu donner quelque crédit à cette conjecture, c'est qu'il fut pendant longtemps l'ami, ou plutôt l'admirateur de l'illustre marquis de Valdegamas. Mais sur quoi en somme fonde-t-on de semblables suppositions? N'a-t-on pas dit pareille chose de Veuillot, dans un sens diamétralement opposé? Qui peut savoir ce qu'un homme aurait fait ou n'aurait pas fait si tel événement n'était pas arrivé? Il faut donc en pareille matière s'en tenir absolument à ce qui apparaît, sans s'inquiéter de savoir si ce qui apparaît est bien en réalité tel que cela apparaît; sans quoi on risque de se perdre dans des suppositions aussi absurdes qu'injurieuses. Pour nous, nous sommes convaincu que le libéralisme de Castelar n'est pas le résultat de circonstances fortuites, mais le produit d'une conviction sincère et spontanée.

Lorsque la révolution de 1854 éclata, Castelar écrivait déjà depuis quelque temps dans les journaux de Madrid. C'est vers cette époque qu'il faut placer aussi la publication des trois romans dont nous avons parlé. La révolution de 1854 venait donc d'éclater, Madrid et les chefs-lieux des départements étaient en liesse; on jouait l'*Hymne de Riego;* les réunions se succédaient. Castelar crut le moment opportun de faire son entrée dans la vie publique. Une réunion de démocrates était annoncée pour le 26 septembre au Théâtre-Royal; il se fit inscrire comme orateur. Ses débuts furent mémorables. Du premier coup il conquit le premier rang parmi les orateurs de l'Espagne. Son tour de prendre la parole venu, il parla à peu près dans ces termes: « Je suis venu ici pour vous dire, s'écria-t-il, que je suis un humble serviteur, le plus humble, sans doute, de la démocratie. Lorsqu'une idée noble et élevée comme la nôtre pénètre la conscience, elle a le pouvoir de faire briller l'étincelle de la vérité jusqu'au plus profond de l'avenir. Rousseau et Kant sont ses prophètes; Mirabeau et Vergniaud, ses prêtres; André Chénier et Byron ses chantres; Mmes de Staël et Roland ses héroïnes; Hoche et Napoléon ses soldats : mais lorsqu'une idée reprouvée de Dieu s'obstine à vouloir s'imposer aux hommes, ses symboles s'appellent Charles VI, Ferdinand VII, Marie-Christine, Ferdinand de Naples et Napoléon le Petit. » Ces paroles dites avec une expression que nous ne pouvons pas rendre étaient à peine prononcées que le jeune tribun fut salué par une interminable salve d'applaudissements, et que de tous les coins de la salle où se pressaient plus de trois mille auditeurs, s'élevèrent des voix demandant le nom du jeune inconnu qui parlait ainsi. Son discours ne fut qu'une ovation continuelle ; le journaliste ignoré la veille se réveillait l'homme le plus marquant de son parti.

Cependant les mouvements d'agitation qu'avait fait naître l'émeute de 1854 (on sait que ce *pronunciamiento* n'eût d'autres conséquences qu'un changement de ministère dans un sens plus libéral) se calmèrent peu à peu. Les occasions pour Castelar de se produire devinrent fort rares ou presque nulles; il rentra de nouveau pour quelque temps dans l'obscurité dont les circonstances l'avaient fait sortir. Que faisait-il pendant ces années d'accalmie où son activité ne pouvait trouver d'aliment dans une action politique quelconque? Il étudiait sans doute, car vers 1857 nous le voyons se présenter au concours ouvert à l'Université centrale pour l'obtention d'une chaire d'histoire. La renommée un peu tapageuse qu'il s'était acquise dans les dernières années, loin d'être un titre pour lui à la faveur ou simplement à la bienveillance de l'administration, ne pouvait au contraire que lui nuire dans l'esprit de ceux qui la dirigeaient. Mais les épreuves qu'il subit furent tellement brillantes que le jury ne put faire autrement que de lui adjuger le premier rang; il fut promu titulaire de la chaire d'histoire d'Espagne à l'Université centrale.

Les soucis de sa nouvelle investiture ne purent modifier en rien ses dispositions politiques, ni la part qu'il prenait à la direction de son parti, ni l'importance des travaux de toute nature auxquels il s'est livré de tout temps avec une ardeur incroyable. En effet Castelar était — et a toujours été — d'une laboriosité exemplaire. Levé à six heures, couché à minuit, son activité ne connaît pas de bornes, ce qui explique la somme considérable de labeur qu'il est arrivé à produire. Il veille rarement au delà de minuit; la nuit, dit-il, est faite pour le repos et le jour pour le travail; maxime qui est notoirement en opposition avec ce que pratiquent un grand nombre de publicistes qui se promènent ou dorment une grande partie de la journée, et ne consacrent le plus souvent au travail que le reste d'une nuit de fredaines.

Notre but, ainsi que nous l'avons dit déjà, n'est pas de raconter ici en détail la carrière politique d'Emilio Castelar, bien connue d'ailleurs de tous ceux qui s'intéressent aux choses de leur temps. Nous dirons seulement, que de 1854 à 1868, elle fut prodigieusement active et militante. Articles dans les journaux, discours dans les réunions publiques, plaidoyers pour la défense des journalistes, ses confrères, traduits devant le jury chargé de juger les délits de presse, livres, conférences, lettres, tout lui était bon, jusqu'à ses leçons de l'Université, pour défendre et propager les nouvelles idées et pour animer la démocratie, dont il fut l'un des plus fermes et parfois l'unique soutien; et partout sa parole ardente, passionnée, pleine d'images et d'idées entretenait le feu sacré dans les âmes; et partout, comme aux premiers jours de ses triomphes oratoires, il savait susciter l'enthousiasme chez tous ceux pour qui il parlait ou écrivait.

Il fit tant et si bien qu'en 1865, à la suite d'un article publié par lui dans le journal *La Democracia*, qu'il avait fondé, article dans lequel il s'attaquait sans aucun ménagement à la personne même du chef de l'État, la chaire d'histoire lui fut retirée. Cet acte gouvernemental, approuvé par les uns, blâmé par les autres, ayant soulevé la réprobation des étudiants, il s'ensuivit une émeute violente qui compromit la vie de près de deux cents personnes. Narvaez, qui ne plaisantait pas lorsqu'il s'agissait de l'ordre la rue, fit preuve, dans cette occasion, d'une grande rigueur dans la répression des troubles. Huit citoyens, presque tous étudiants, furent tués et il y eut plus de cent cinquante blessés. La mise en disponibilité de Castelar n'en fut que plus énergiquement maintenue, malgré quelques stériles tentatives de conciliation et quelques non moins stériles démissions de professeurs de l'Université. Cette journée dite du 10 avril laissa une fâcheuse impression dans tous les esprits. Castelar en conçut une douleur profonde en songeant qu'il avait été, bien innocemment sans doute, la cause indirecte de la mort de tant de jeunes gens.

A partir de ce jour, la carrière politique de Castelar devint encore plus active qu'elle ne l'avait été jusque-là; tellement militante, que, peu de temps après il dut quitter l'Espagne, à la suite de l'insurrection qui éclata au quartier d'artillerie de Saint-Gil, insurrection à laquelle on l'accusa de n'avoir pas été étranger. Les soldats excités par les sous-officiers massacrèrent un grand nombre d'officiers; mais ce mouvement, qui ne trouva d'ailleurs aucun écho dans le pays, fut immédiatement réprimé. Les sergents furent passés par les armes et Castelar, condamné à mort, n'eut que le temps de mettre la frontière entre lui et la police.

Cependant, au milieu des agitations incessantes et des péripéties des luttes politiques auxquelles il prenait une si large part, Castelar ne cessait de s'occuper de travaux littéraires. Nous verrons par l'énumération et la rapide analyse de ses œuvres, que nous ferons à la suite de ce travail, à quel point sa carrière a été laborieuse et bien remplie. Le répit forcé que son exil lui imposait, s'il fut perdu pour la propagande, ne le fut pas, loin de là, pour d'autres genres de travaux. C'est, en effet, dans les voyages entrepris en Europe durant cette période qu'il assembla les matériaux de divers ouvrages qui virent le jour plus tard, tels que les *Souvenirs d'Italie*, *Fra Filippo Lippi* et autres.

L'exil de Castelar ne fut pas de longue durée (si toutefois il est permis d'employer cette expression en parlant d'un exil). La monarchie d'Isabelle penchait vers son déclin, son trône allait s'effondrer bientôt au moindre souffle des révolutions. Le 29 septembre 1868 sonna enfin à la grande horloge des siècles. Une ère nouvelle allait s'ouvrir pour l'Espagne;

une nouvelle catégorie d'hommes allait faire irruption sur la scène politique. Parmi ces hommes, un des plus remarquables, le plus remarquable sans doute était Emilio Castelar. On a dit de lui qu'il est le fils d'une révolution et le père d'une autre. Rien n'est plus vrai, au moins en partie. La révolution de 1868 fut en effet l'œuvre exclusive de Castelar. Cette révolution se fit par les baïonnettes, cela est vrai, mais elle était déjà faite depuis longtemps dans les esprits, l'armée était gagnée, le peuple prévenu en sa faveur: qui avait fait cela? Castelar. La bataille d'Alcolea ne fut que l'épilogue d'une œuvre dont la préface avait été écrite dans cette fameuse soirée où il avait pris la parole pour la première fois; c'est lui qui avait écrit cette préface: c'est à lui que revient l'honneur de l'achèvement de l'œuvre. Cette révolution fut un épilogue, avons-nous dit; c'est aussi sur cette page de l'histoire que nous fermerons le livre et terminerons notre récit. Aussi bien toutes les autres circonstances de sa carrière sont fort rapprochées de nous, et partant, présentes à l'esprit de tous; chacun s'en souvient : son entrée aux Cortès constituantes, ses nombreux et remarquables discours durant cette législature, son attitude pendant le règne d'Amédée de Savoie et sa situation après l'abdication de ce monarque, sa présidence à la République, le cantonalisme et l'anarchie réprimés pendant sa courte, mais utile et énergique dictature; sa chute, son remplacement par le général Serrano ; l'avènement d'Alphonse XII ; son rôle politique pendant ces deux gouvernements; enfin sa situation actuelle.

Telle est l'immense carrière politique d'Emilio Castelar, carrière dont l'examen demanderait non pas quelques pages, mais plusieurs gros volumes.

Avant de terminer ce court aperçu historique de sa carrière politique, nous avons le devoir de dire deux mots du caractère de l'homme :

Une des plaies du temps présent c'est son chauvinisme en matière politique. Nous voulons exprimer par ce mot ce sentiment exagéré et ridicule qui nous porte a méconnaître les vertus ou les mérites de nos adversaires politiques, et même à ne voir que des défauts et des crimes dans toutes les institutions et les formes de gouvernement qui ne sont pas celles de nos rêves. Ce vice, qui dégrade l'humanité, n'est pas nouveau, nous le reconnaissons ; il est de tous les temps, et peut-être, hélas ! de tous les partis.

Il y a longtemps en effet qu'on a écrit ces vieux vers sur des sujets plus vieux encore :

> Faites périr le frère, abandonnez la sœur,
> Rome, sur les autels prodiguant les victimes,
> Fussent-ils innocents, leur trouvera des crimes.

Que n'a-t-on pas dit aussi, et que ne pourrait-on pas dire sur la vénalité des consciences politiques ?

Le plus beau titre de Castelar à l'estime aublique, est sa probité littéraire et son honnêteté d'homme d'État. Dans nos temps troublés, où la passion aveugle tous les yeux, où tant d'opinions contraires, où tant d'antinomies se livrent des combats acharnés sur le champ de bataille de l'esprit, son âme ne se départit jamais de ce calme qui permet de discerner et de rendre hommage à la vérité dans quelque camp qu'elle se trouve.

Citons un exemple entre mille :

Nous n'avons jamais pu contempler sans nous sentir ému d'enthousiasme une de ces gravures publiées dans ces temps derniers où l'on représentait le départ des héroïques volontaires bulgares pour la frontière de la Serbie. La vue d'un peuple qui se lève pour son indépendance et sa nationalité est un de ces spectacles auprès desquels les plus beaux drames de nos théâtres sont comme l'éclat éphémère d'une étoile auprès des torrents de lumière du soleil. Quelle grandeur ! Mais il faut à toute épopée un héros, à toute entreprise une âme, à toute idée un apôtre et des martyrs. Ce héros, cette âme, cet apôtre, ce martyr surgit. Toute la vie, tout le sang, toutes les aspirations d'un peuple lui montent à la tête. Il est la personnification, l'incarnation de la patrie ; il sent battre dans son cœur tous les cœurs et vibrer dans son âme toutes les âmes. Dès cet instant il ne vit plus, il ne dort plus ; il se donne au peuple qu'il veut servir et sauver, réunit les forces, groupe les éléments de puissance disséminés dans toute une race, assemble en faisceaux les énergies, les pensées, les aspirations qui travaillent ce peuple paria. Ce qui était diversité devient unité ; ce qui était faiblesse devient force. Ce peuple tombé, sur qui tous les tyrans de la terre crachaient l'insulte et l'opprobre, a trouvé enfin un protecteur, un vengeur ; et un beau jour une immense clameur retentit, une immense clarté inonde l'horizon. — Que se passe-t-il? — C'est un peuple qui s'ébranle. — Et où va-t-il? — A l'immortalité. — Mais il y a les fleuves? — Les fleuves, il ne les connaît pas. — Mais il y a les Balkans, les torrents, les gouffres? Il ne les connaît pas. — Mais il y a la Russie, l'Autriche, la Serbie? — Elles ne l'arrêteront pas. La phalange s'ébranle, s'ébranle toujours, puis enfin sur la cîme la plus élevée des Balkans apparaît l'image transfigurée d'une nouvelle nationalité. Qui a fait cela? — Un homme. — Un homme! Et le monde stupéfait de s'écrier : — Mais quel est donc cet homme! » — Il s'appelle Martel ou Alexandre de Bulgarie. Ce jour-là, entre ce peuple et cet homme se scelle un de ces pactes que la mort seule peut déchirer; l'âme de ce peuple se soude à l'âme de cet homme par un lien indissoluble. Pas un fils de ce peuple qui ne voudrait payer de sa vie le bonheur de cet homme ; pas une pensée, pas un battement du cœur de cet homme qui ne soit pour le peuple.

Cependant les siècles passent, les générations s'éteignent, des transformations s'accomplissent, des révolutions se produisent, les piloris surgissent, les croix se dressent sur le calvaire de l'histoire et — navrante aberration du cœur humain! — l'on voit ce même peuple, une fraction de ce peuple, un parti, un homme assez renégat pour clouer sur l'une de ces croix cet homme à qui il doit son existence à la vie politique, cet homme qui fut tout à la fois Machabée, Léonidas et Jésus-Christ; et l'on entend les cris : « A mort ! » et l'on voit courir le long de l'échelle le bras impie qui doit imprimer sur son front le mot Tyran, cette marque d'infamie dans laquelle on enveloppe tous les rois de la terre. Alors au milieu de cet affolement s'élève une voix honnête et impartiale, une voix toujours prête à s'indigner contre le mensonge historique. Cette voix, c'est celle d'Emilio Castelar. A tous les détracteurs aveugles ou intéressés, fussent-ils ses coreligionnaires, il crie : « C'est une mauvaise action ce que vous faites là. Dans la race que vous proscrivez, il y a eu des justes, et des justes qui furent grands et auxquels vous n'avez pas droit d'insulter, mais bien plutôt le devoir d'être reconnaissants, car ce sont leurs bras qui ont forgé votre nationalité, soutenu vos premiers pas dans la vie politique et brisé les chaînes de votre esclavage. Si vous êtes grands et robustes aujourd'hui, c'est à eux que vous le devez.

Passez-vous désormais de leur appui si vous croyez devoir le faire (et je crois même que vous devez vous en passer), mais ne les insultez pas : il pourrait vous arriver malheur ! »

Elles sont nombreuses les gloires historiques qui ont dû à ses pieuses mains d'êtres exhumées de la couche de fange que les passions humaines charrient dans leur cours. Écoutez plutôt ce passage tiré de son magnifique discours prononcé le 11 décembre 1869, contre l'avènement du prince Amédée de Savoie au trône d'Espagne.

« La monarchie, messieurs les députés, c'est un républicain qui vous le dit, la monarchie a eu une grande raison d'être dans l'histoire.

. . . .

» La monarchie a lutté à Covadonga,

aux Peñas de San Juan, à las Navas de Tolosa, par tout le sol que nous foulons; la monarchie a combattu dans le Fuero Réal, dans les Partidas, dans l'ordonnancement d'Alcala, dans toutes ses grandes lois; elle a combattu et enchaîné le féodalisme. Ce qui arrive, c'est que sa mission dans le monde étant terminée, elle meurt. Mais, messieurs les députés, tant qu'elle vivait, tant qu'elle respirait, elle se trempait dans les grands courants d'idées qui traversent toujours l'esprit d'un siècle, et tous la respectaient parce que tous lui devaient quelque chose. Le moine se souvenait que ses monastères étaient nés à l'ombre du manteau royal; le noble se souvenait que son enseigne avait suivi les enseignes royales et que les mains royales lui avaient octroyé sa part dans le butin de la victoire ; les Cortès se souvenaient que leurs privilèges s'étaient constitués sous forme d'humbles pétitions adressées au trône ; le plébéien, le contribuable, se souvenait que c'est du coursier royal encore écumant et couvert de la sueur des batailles qu'étaient tombées les chartes de ses franchises (les cartas pueblas), baptême des libertés populaires ; les mères endormaient leurs enfants avec le poème de la conquête de Toledo ou de la Vega de Grenade ; les peintres traçaient les images du roi auprès de celles des saints ; les poètes écrivaient : « El mejor Alcalde el Rey », — le meilleur Alcade c'est le roi — ou « Le Rico-hombre d'Alcala aux pieds du roi Don Pedro » ; le guerrier qui luttait dans des pays lointains, le navigateur qui découvrait de nouveaux mondes, lorsqu'ils adressaient au ciel leur matinale prière sur les planches de leur caravelle ou sur le sol de leur campement, confondaient le nom du roi, avec le nom de Dieu et de la patrie. »

. . . .

S'il est vrai, comme le dit Hobbes, que la vérité soit l'âme et l'élocution, le corps de l'histoire : *for in truth consists the soul and in elocution the body of history*, on ne peut s'empêcher, en lisant ces magnifiques élucubrations où la sincérité et la beauté éclatent partout, de reconnaître que Castelar réunit les conditions essentielles qui font l'historien et l'honnête homme.

Au risque de blesser sa modestie nous ne pouvons non plus passer sous silence comment, au péril de sa vie, il réussit en 1872 à soustraire à la fureur populaire une trentaine de députés, tous ses adversaires politiques, qui sans son intervention auraient sûrement été massacrés. Dès qu'il eut connaissance de ce qui se passait: « La République, s'écria-t-il, serait déshonorée si les députés monarchistes étaient assassinés! » et seul, sans un soldat, accompagné seulement de ses collègues Salmeron et Sorni, il court du ministère de l'intérieur où il se trouvait jusqu'à la Chambre des députés, parvient au milieu des plus grandes difficultés à faire sortir les députés menacés et ne les abandonne que lorsqu'ils sont à l'abri de tout danger. De telles actions honorent celui qui les accomplit.

L'honnêteté est le trait distinctif de son caractère; sa vie politique (c'est un bonheur d'avoir à le constater ici) est aussi intacte que sa conscience d'historien. Jamais on ne le vit mettre ses opinions politiques au service de son intérêt privé. Il aurait pu, comme tant d'autres, obtenir des postes et des sinécures, il ne l'a jamais tenté. Ses lauriers de tribun et une modeste aisance acquise par la publication de ses œuvres suffisent à son ambition. Les plus exaltés de son parti ont cherché à le rabaisser aux yeux de l'opinion par le récit de ses prétendues défections à la démocratie ; mais le public éclairé, qui se connaît en hommes, n'a jamais attaché la moindre importance à ces accusations passionnées. Il faut chercher l'origine de ces récriminations dans une légère réaction qui s'est faite dans son esprit dans le sens autoritaire ; réaction motivée par les excès mêmes auxquels se sont livrés ses coréligionnaires durant la courte et stérile période de la République. Mais de là à renier ses opinions, les idées de toute sa vie, il y a une distance immense. Non, Castelar n'a jamais songé à trahir la démocratie et ne la trahira jamais. Ses convictions, nous le croyons sincèrement, sont inébranlables. Il y a d'ailleurs chez lui un sentiment qui ressemble beaucoup à ce respect que les anciens avaient pour la parole et la foi données ; son âme est sous ce rapport celle d'un de ces farouches Romains de la République : il ne transige pas avec sa conscience. S'il avait vécu du temps de César il aurait souhaité d'être Caton. . . . .

. . . . . à moins, toutefois, qu'il n'eût été Brutus.

II

Nous venons de donner une esquisse rapide de la carrière politique d'Emilio Castelar. Le lecteur trouvera dans les extraits de ses discours politiques que nous donnons à la troisième partie de ce volume de quoi combler les lacunes qui s'y seront glissées.

Nous allons maintenant jeter un coup d'œil sur le tempérament de l'écrivain : il y a deux hommes, avons-nous dit, dans Castelar; l'homme politique et le penseur.

En rigueur nous aurions dû dire qu'il y a en lui trois personnalités parfaitement distinctes : l'homme politique, le philosophe et le poète. Oui, le poète ; car encore qu'il n'ait jamais écrit un seul vers de sa vie, Castelar est un des plus grands poètes des temps modernes. Ses vers pour être écrits en prose (qu'on nous pardonne de parler ainsi) n'en sont pas moins les plus beaux vers que l'on puisse rêver ; chacune de ses périodes est une ode, et il y a dans ses écrits telles phrases qui valent mieux que les plus beaux sonnets. C'est un dilettante, un virtuose de l'inspiration. Cette poésie il la répand partout, la mêle à tout et à tout propos, aux plus arides concepts scientifiques comme aux plus brillants tableaux de la nature. Sa muse est une belle fille vagabonde que l'on rencontre aussi bien flânant le long des haies, la flûte de Pan aux lèvres, faisant retentir les bois des sylves de Tityre et de Mélibée, que sous le péristyle d'un temple grec, chantant sur la lyre d'Eschyle ou de Tyrtée les exploits des guerriers et la gloire des vainqueurs aux jeux olympiques ou entonnant sur le pentacorde éolien et sur le mode nomique les hymnes composés en l'honneur d'Apollon, père des sciences et dieu des arts, pour louer les bienfaits dont les hommes sont redevables à cette divinité.

Avec cela, Castelar est un des hommes les plus instruits de son temps; il est on ne peut plus versé dans toutes sortes de connaissances. Nous sera-t-il permis, et en procédant pour ainsi dire par voie de grands tableaux synoptiques, de donner une idée complète de son vaste savoir? Hélas! la tâche est rude, et nos forces minimes. Nous allons cependant l'essayer sans beaucoup y compter, en nous écartant, toutefois, des routes battues, trop heureux si nous pouvions par ce moyen ajouter à ce travail, non pas quelque originalité, à laquelle nous n'osons prétendre, mais une parcelle de plus d'intérêt.

Quelle organisation merveilleuse, quel esprit fécond, quelle imagination fulgurante que celle de ce cerveau, qui ne peut toucher à une idée sans l'ensoleiller, ni rien percevoir des choses sensibles sans en extraire toute la poésie, toute l'essence et tout le charme!

Plus savant que Humbold, sans effort par la seule vertu d'une intuition miraculeuse, et plus enthousiaste que

Hugo par les irrésistibles entraînements d'une complexion volcanique, il a bu à la coupe de toutes les ivresses le nectar de toutes les poésies.

Il a conversé et s'est entretenu avec tous les hommes remarquables de l'humanité à un titre quelconque, depuis Platon jusqu'à Averrhoës, et depuis Kalidassa jusqu'à Mas'Aniello. Il a surpris à l'un le secret de sa sérénité olympique et de sa sagesse profonde, et déchiffré et commenté avec l'autre les énigmes où étaient renfermés le monument du savoir passé et les semences du savoir futur. Non loin du lieu ou Viassa avait rédigé ses *Védas*, sur les grandes routes des Indes, aux pieds des statues et des géants énormes taillés dans le roc des montagnes, il a rêvé avec celui-ci aux destinées des nations et des peuples qui ne sont plus, et médité sur les causes des progrès et de la ruine des empires; et dans les grottes de lapis-lazuli du mont Pausilippe, non loin de cette plage de Sorrente où l'ombre errante et mélancolique du Tasse avait dicté à Lamartine des élégies plus belles que celle composée par Gray sur la pierre des tombeaux, dans un cimetière de campagne, il a appris de celui-là comment de simple pêcheur, sans autre savoir ni instruction qu'une étincelle de patriotisme dans le cœur et un rayon de lumière d'Italie dans l'esprit, on peut, en huit jours, devenir un citoyen illustre, parler comme Mirabeau, combattre comme Caton, vaincre et mourir comme Léonidas, pour la patrie, après avoir délivré tout un peuple de l'oppression et de la tyrannie.

Il a pris part à toutes les joies et compati à toutes les douleurs des plus grandes comme des plus humbles destinées; participé à la gloire de rois comme Louis XIV et Napoléon Ier, et gémi sur les infortunes des peuples asservis dans l'esclavage et la misère; de même qu'il a eu sa part des triomphes de la raison et de la volonté populaires, et gémi sur les malheurs et les angoisses immérités des rois, sur les tristesses de Göritz et les amertumes de Sainte-Hélène, en donnant accès dans son âme à ce sentiment élevé, à cette pitié grave, qui suivant l'expression du poète, de Hugo :

.... hésite quelquefois
De la sueur du peuple, à la sueur des rois.

Il est rentré dans le cœur et dans

l'esprit de tous ceux en qui s'est incarné une idée grande, juste, sainte, qu'ils s'appellent Galilée ou Savonarole, Jean Huss ou Christophe Colomb.

Il a suivi pas à pas et a vécu l'histoire de celui qui, suivant sa propre expression, lava cette grande tache dans laquelle se perdaient les étoiles du pavillon américain. Il s'est laissé guider par son génie comme Achille par Pallas et l'a suivi, du sein des tranquilles forêts vierges de l'Illinois, au sein des ardentes luttes des comices, et au congrès de Washington; des rives fleuries et parfumées des grands fleuves qui furent le nid où étendu sur la mousse fraîche et molle, il donna libre cours aux illusions de sa jeunesse, au nid de ronces du Capitole américain, où les rêves se brisent sous la meule de la réalité, ou les illusions se dissipent aux quatre vents de la raison d'État et où la vie se termine au caprice d'une balle dirigée par un bras fanatique ; des calmes et étendues eaux du Mississipi qui portèrent ses premières méditations sur le sort des humains et bercèrent ses premières amours, au milieu du fracas des boulets et de la mitraille des plaines de Wilderness et de Richmond.

Il a pris place dans l'esquif qui porta sur la mer du monde cette destinée, une des plus agitées et des plus ballotées de notre siècle, et son âme s'infiltrant dans son âme, il a goûté l'enthousiasme de voir le triomphe du rêve si ardemment caressé, et presque au même instant il a senti l'accablement qui faisait se perler de sueur le front de Napoléon Ier dans le cimetière d'Eylau, le lendemain de sa victoire, et l'effroi qui saisit le cœur du héros de Shakespeare, au seuil du sinistre champ de bataille d'Inverness, au milieu de cette nature tourmentée, et il l'a entendu s'écrier comme lui : « O le plus heureux et en même temps le plus horrible jour de ma vie ! »

> So foul and fair a day I have not seen !
>
> (*Macbeth*, acte Ier, scène III.)

Il a vu se dresser pour lui l'apothéose incomparable que trois millions d'hommes décernent à leur libérateur dans le fond de leur âme, et presque en même temps, terrible et accusatrice, l'ombre pantelante des 400 000 cadavres tombés sur les champs de bataille de l'Union venir s'asseoir au banquet de son triomphe, pour l'empoisonner, comme le spectre de Banquo, au festin de Macbeth.

Puis abandonnant le théâtre de nos misères terrestres où se déroule l'éternelle tragédie humaine, et prenant son envolée vers les régions idéales des spéculations abstraites et des vérités scientifiques, des lois qui régissent l'univers moral aussi bien que le monde matériel et en vertu desquelles ils parcourent tous deux le cycle des évolutions préétablies, il se lance à la conquête entière, universelle, encyclopédique du savoir, parcourt l'immense champ des connaissances humaines, depuis l'étude du moi jusqu'à l'étude des mondes, des abîmes des profondeurs sidérales, jusqu'aux abîmes de la conscience humaine; des immensités des cieux jusqu'aux entrailles de la terre.

Substances et forces mystérieuses qui produisent et conservent l'univers; matière éthérée qui remplit les espaces interstellaires; énergies cosmiques au moyen desquelles le moteur divin communique le mouvement et la vie aux nébuleuses qui tourbillonnent dans l'espace et qui sont comme la matrice d'où sortent les soleils qui roulent à nos pieds et qui se balancent majestueusement au-dessus de nos têtes, il a tout vu, tout pénétré, tout senti, se perdant dans l'immense sein de la nature comme un bonze contemplatif de l'Inde dans les rêveries panthéistes de la doctrine de Bouddha.

Il a escaladé comme Kepler les sommets inaccessibles des cieux, pesé dans sa main les soleils comme Newton, exploré comme Herschel l'immense océan des créations sidérales, mesuré les parallaxes, décrit les ellipses et les paraboles, déterminé les lois des attractions et des répulsions qui gouvernent les mondes, saisi en un mot tous les rapports et toutes les vérités que l'on peut puiser dans la contemplation du magnifique spectacle qu'offrent les millions de soleils qui tourbillonnent dans l'espace semblables à un sublime feu d'artifice allumé par Dieu le Père pour fêter la naissance du Verbe divin, et auquel il convie toutes les créatures de l'univers.

Ensuite, si las de se baigner dans l'océan de lumière qui inonde et pénètre toute la création, son âme rassasiée de flamboiements matériels, mais altérée de clartés morales, quitte l'observatoire astronomique pour celui de l'histoire, le ciel des Copernic et des Laplace, pour le ciel de Vico, de Herder et de Michelet, vous le verrez, changeant le téles-cope, cette boussole des navigateurs de l'espace, contre la philosophie, ce téles-cope du firmament de l'histoire, plonger son regard d'aigle dans les abîmes du passé comme dans les profondeurs de l'avenir, et au moyen de tables savam-ment construites et d'observations pers-picacement dirigées, mesurer et déter-miner le rôle, les évolutions et la durée des organismes sociaux, et tracer pour ainsi dire le planisphère des destinées de l'humanité.

La compénétration du monde matériel et de la conscience universelle ne suffit pas à son esprit avide de s'abreuver à toutes les sources d'où jaillit la moindre parcelle de vérité dont il puisse extraire la plus petite étincelle de poésie. Aussi passe-t-il des concepts particuliers de l'histoire aux concepts abstraits de la psychologie, interrogeant tous les systèmes depuis le système de Pythagore, qui ne voyait dans l'âme qu'un nombre, un membre d'équation, jusqu'au système de Broussais et de Cabanis, qui n'y ont vu qu'une sécrétion du cerveau, un produit de l'organisme; depuis la conception panthéiste qui ne la considère que comme une partie infinitésimale du grand tout, jusqu'à la conception chrétienne qui y voit une substance distincte et indépendante de la matière, une entité faite à l'image de Dieu, et à la théorie de la raison pure de Kant, qui n'y voit rien du tout, et qui n'y peut rien voir, parce que s'attaquant aux lois de l'entendement et ruinant la base de la certitude, elle détruit du même coup jusqu'à la possibilité de rien connaître et réduit l'homme à une énigme vivante, et l'univers lui-même à une simple apparence qui ne pourra jamais être connue en soi; conception qui est en philosophie l'équivalent de l'humoristique décret par lequel Alphonse Karr essayait de ridiculiser certaines doctrines politiques fort prônées de nos jours : « Article premier. — Il n'y a plus rien. Personne n'est chargé de l'exécution du présent décret ».

Oui, tous ces systèmes quelque bizarres qu'ils soient en eux-mêmes, il les a interrogés, comparés, approfondis, prenant à chacun ce qu'il peut avoir de génial ou de vrai pour s'assimiler cette parcelle de génie ou de vérité et s'en faire un diadème dont il puisse se parer lorsqu'il paraîtra au banquet idéal où le peu de sages qui ont été dans le monde se donnent rendez-vous à travers le temps et l'espace pour boire à la coupe de la Philosophie les éternelles vérités seules dignes de leurs immortels entretiens.

De la contemplation du moi et de la science de l'âme, cette pierre de touche de toutes les connaissances, ce flambeau qui illumine la création entière, qui prête ses rayons au soleil et qui, en dépit de cela, a pu être exclue des classifications scientifiques et tenue en suspicion par la fanatique intolérance d'une école dite positiviste, qui n'a de positif que le nom, et d'une science faussement prétendue expérimentale puisqu'elle admet à priori et sans aucun examen préalable la légitimité de ses conclusions, avant même que de s'être assurée si elles sont conformes aux lois de l'entendement ni même si l'entendement a des lois et s'il est possible d'assigner un fondement à la certitude humaine; dédaignant la morgue autoritaire de telles écoles, et conciliant cependant dans son esprit les données de la science nouvelle avec l'existence des grands postulats philosophiques dont aucun esprit raisonnable ne peut se départir, il descend, suivant l'ordre logique de leurs rapports, de l'étude de la conscience à l'étude des lois qui président à la formation et à la conservation de tous les organismes, depuis l'éther, substance des mondes, jusqu'aux propriétés chimiques et physiques, essence des corps.

Présent par la pensée dans les lieux où elles s'opèrent, il assiste avec les Secchi, les Tyndal et les Grove, à ces condensations éthérées, qui sont comme une germination de mondes, où se réalise le triomphe de cette théorie grandiose de l'unité des forces physiques, dans laquelle viennent se fondre et comme s'engloutir tous les systèmes physiques et chimiques plus ou moins extravagants qui se sont produits jusqu'à nos jours depuis celui de la division de la matière en quatre éléments d'Aristote, jusqu'à celui des cinq principes de Paracelse, depuis la classification de Becker en terre inflammable, vitrifiable et mercurielle, jusqu'au phlogistique de Stahl et aux corps simples de nos chimistes, ainsi nommés, sans doute, parce qu'ils sont composés.

Il a vu comment de cette force appelée dynamique qui est à l'éther intangible de l'espace ce que la gravitation est aux astres, est née cette autre force d'un ordre plus complexe, appelée affinité chimique, qui, combinée avec la première et par le simple changement du mode de vibration ou peut-être, qui sait? de gravitation — rien ne prouve qu'il n'y ait pas dans le moindre grès tout un système planétaire aussi compliqué ou plutôt aussi simple, que celui de Copernic, — des molécules, donne à tous les corps leurs innombrables propriétés aussi bien chimiques que physiques, et soumet *une seule matière* ou principe de matière, l'éther, aux infinies métamorphoses d'où résultent toutes les substances organiques et inorganiques de l'univers.

Puis empruntant aux sorcières de Gœthe les philtres au moyen desquels on acquiert le don de passer à travers les matières les plus denses, comme l'oiseau à travers les airs, et une vue tellement perçante qu'elle permet de voir à travers les corps les plus opaques, de pénétrer les essences, et de lire au fond des organismes le secret de leur germination, il s'enfonce dans les entrailles de la terre au plus profond des antres noirs et humides, où le Dante a placé son enfer, et là, aidé des secours de la science et un peu des ressources de son imagination il contemple comme Faust dans le miroir magique, la sublime image de la nature, chaste matrone, qui entoure de voiles impénétrables le sanctuaire où se consomme le mystérieux hyménée, d'où sortent tous ces enfantements qui comblent l'homme de merveille et de contentement. Rien ne pouvant plus se dérober à ses yeux il scrute tous les recoins du merveilleux laboratoire de la terre, depuis les étuves où elle fait éclore l'œuf végétal d'où provient toute floraison jusqu'aux alambics où elle distille l'ambroisie de la vie et les essences qui parfument l'existence; depuis les vases où elle filtre le cristal de nos fontaines jusqu'au creuset où elle fond l'or et les pierreries de nos joyaux, et la palette où elle prend les couleurs dont elle peint les ailes des papillons et la corolle de la fleur. Et la voyant si belle, si chaude, si vivante, si féconde, en considérant ses intarissables sources de vie, il se défend difficilement contre l'envahissement d'un sentiment panthéiste et assimilant les innombrables canaux qui la traversent en tous sens, à notre système veineux, l'air enflammé de ses volcans à notre respiration, ses tremblements aux battements de notre cœur, et le ronflement sonore avec lequel elle se meut dans l'espace, terre des soleils, à la voix, avec laquelle elle converse avec les étoiles, soleils de la terre, il se demande si c'est bien là le globe éteint et privé de sensibilité que nous croyons, ou si, au contraire, elle ne serait pas une créature vivante d'une nature supérieure à la nôtre, quelque chose comme un oiseau gigantesque dont nous ne serions que les parasites, une divinité ailée du paganisme battant éternellement l'espace de ses ailes diaprées et balançant dans les nues sa tête couronnée de forêts parfumées comme une Bacchante ivre, de l'antiquité.

Quel que soit le penchant de l'esprit de Castelar à envisager le côté poétique des choses, même lorsqu'il s'agit des sciences et des études les plus arides, il ne faudrait pas croire qu'il soit assez frivole pour sacrifier le côté réellement scientifique aux préférences de son imagination et qu'il ne retire des études auxquelles il se livre, que tout juste ce qui lui est nécessaire pour bâtir ses fictions et orner ses idées. Qui croirait cela se tromperait extraordinairement. Castelar par l'étendue de ses connaissances scientifiques est plus près, beaucoup plus près d'être un savant qu'un charmeur superficiel. On pourrait presque dire que ses connaissances de ce genre sont égales ou supérieures à son talent littéraire, il suffit de lire ses ouvrages pour s'en convaincre. Seulement il a une manière de procéder qui lui est propre, et que tous ses lecteurs attentifs auront remarquée. Les sciences qui sont d'un bien plus grand secours qu'on ne le croit généralement, pour les travaux d'imagination, lui fournissent deux ordres d'éléments qu'il distribue diversement, l'un se déverse dans ce que nous pourrions appeler son domaine philosophique, et l'autre vient enrichir son fond de conceptions poétiques, qui lui sert à agrémenter jusqu'aux plus petites idées. De là, la richesse et la variété des images qu'il répand partout dans ses écrits et dans ses discours, de là aussi la solidité de ses appréciations et de ses jugements.

Il est surtout une catégorie de connaissances qui, par leur caractère particulier, par le rapport intime qui les lie à tous les grands postulats sur lesquelles s'appuient les opinions philosophiques et les croyances religieuses de notre époque, ont sollicité plus particulièrement son attention et cela pour plusieurs raisons. La première, parce qu'un professeur d'histoire qui occupe un rang élevé et qui est toujours doublé d'un sociologiste et d'un philosophe ne peut rien ignorer de ces matières; la seconde, parce que Castelar étant un ardent admirateur de son siècle, rien de ce qu'il produit ne peut le laisser indifférent; la troisième parce que rhétoricien et orateur émérite il connaît trop bien le : *Nulli libro tam parum virtutis inest, ut non aliquâ re prosit*, de Pline le Jeune, et sait tout ce que l'on peut retirer de ces études d'éléments oratoires, en dehors de l'immense avantage de les faire servir à étayer et à fortifier une conviction sincère quelle qu'elle soit : « Il faut accompagner notre foi de toute la raison qui est en nous », a écrit Montaigne. Ces connaissances, presque toutes du domaine expérimental et par conséquent d'origine récente, sont celles qui regardent la cosmogonie, la géologie, la biologie, la physiologie cérébrale, l'ethnologie et l'anthropologie, et leurs dépendances. Quel immense champ de savoir et d'investigations! Eh bien! ce champ, il l'a parcouru en entier, investiguant tout, cherchant la réponse à chacun des innombrables points d'interrogation que ces sciences soulèvent, essayant de soulever le voile sous lequel se dérobe toute vérité scientifique. Et partout en même temps qu'il approfondit, qu'il dissipe les nuages, qu'il éclaire son cœur et son esprit, son imagination, cette blonde enfant du logis, qu'elle égaie de ses rires et de ses cris, vient le troubler dans son gigantesque travail, s'approprie ce qu'on pourrait appeler les miettes et les déchets de la science, et se jouant au milieu de ces magnifiques débris, en tresse les guirlandes et les couronnes qu'elle ira bientôt déposer sur les autels de la poésie.

De cette question de cosmogonie générale : la matière est-elle éternelle? la nature est-elle un amas d'atomes qui naissent sans Créateur et s'agencent par le fait du hasard? ou bien sont-elles l'une et l'autre le produit d'un pouvoir et d'une prévoyance infinis? qui fait l'objet d'une science à la tête de laquelle marchaient naguère Littré et Auguste Comte, il descend à une cosmogonie particulière, la géologie, qui concerne la science de la terre et des matériaux dont elle est composée. Il veut savoir tout, depuis l'âge jusqu'à la vie privée de la planète qu'il habite : « Es-tu la jeune et belle fille que j'ai cru jusqu'ici, ou bien dissimules-tu ton âge comme une vieille coquette, sous le fard de ta surface fleurie ? Éclaire-moi, je suis cette Humanité qui descend d'Adam, pour qui tu as été créée. Sais-tu parler ? peux-tu me dire si mon ancêtre Adam est bien le premier homme qui ait déposé un baiser sur ton front virginal, ou bien si cette lèvre, qui est tienne et que je croyais pure, n'est qu'une dégoûtante pendeloque souillée par les attouchements de cent autres humanités ? De méchants bruits courent sur ton compte ; qui dois-je croire de la version de Moïse ou de celles de l'Institut qui en a plusieurs ? Les uns disent que tu es une Ondine émergée du sein des mers comme Astarté, d'autres te représentent comme une Héliante indocile, fille de Phœbus, qui te serais dérobée du foyer paternel par une tangente, cette porte de sortie des soleils. S'il en est ainsi, raconte-moi un peu les merveilles de l'astronomie, toi qui dois les connaître. Ces soleils qui sillonnent l'espace en tous sens, sont-ils habités, ainsi qu'on le dit ? Y a-t-il de par l'univers des humanités qui, comme autant d'archanges, célèbrent la gloire de Dieu ? Ces humanités sont-elles semblables à la nôtre, ou bien sont-elles formées par des générations de géants dont la taille soit proportionnée aux mondes qu'ils habitent ? Les hommes qui vivent dans le soleil, par exemple, qui est plusieurs centaines de mille fois plus grand que toi, ô ma planète, sont-ils plusieurs centaines de mille fois plus grands que ceux qui vivent sur ta surface! Dis-moi, ces hommes, si hommes il y a, sont-ils donc comme les salamandres, pour pouvoir vivre ainsi dans ce foyer ardent d'où nous vient toute flamme, ou bien ces plaines que nous croyons embrasées sont-elles, comme le veulent certains savants, un séjour délicieux où l'on goûte un printemps éternel, sensiblement pareil au nôtre? Mercure et Jupiter, tes sœurs, qui tournent comme toi dans les cieux, est-il vrai qu'elles soient, la première plus dense que toi, et la seconde infiniment moins, puisqu'on ne lui accorde pas une densité supérieure à celle de l'eau? Dans ce cas les populations qui l'habitent ne peuvent-être que des populations aquatiques bien différentes des hommes, à moins qu'elles ne soient compesées des Nymphes, des Sirènes et des Naïades qui ont déserté les grottes et les rivages de la mer Ionienne depuis qu'elles n'y ont plus trouvé des poètes pour les exalter.

« Et toi, belle étoile qui brilles là-bas au plus profond de l'azur, dis-moi, est-il vrai qu'il t'ait fallu cinquante millions de milliards d'années pour passer de l'état gazeux à l'état liquide, et cinquante autres millions de milliards d'années pour passer de l'état liquide à l'état solide, comme le prétendent des astronomes, qui y ont sans doute assisté montre en main? Parle, toi qui dois connaître la majestueuse réalité. Toutes ces merveilles se sont-elles formées par une élaboration aussi lente, ou bien ont-elles surgi tout enflammées en un seul jour, en un seul instant, par un sublime coup d'éclat frappé sur le néant par le Créateur? »

Lisez tous ses travaux, ainsi parle sa muse, même lorsqu'elle s'adresse aux sciences les plus arides et les plus hérissées d'équations et de formules géométriques.

Son savoir est universel. Il serait bien difficile de trouver un seul ordre de connaissances sur lesquelles on puisse le prendre en défaut d'ignorance. La science est son domaine; il s'y plaît, il s'y délecte. Les progrès scientifiques ouvrent-ils une nouvelle zone d'investigations à la curiosité des savants, de suite il s'y précipite, et, avant même que les livres soient imprimés et les théories assises, il les connaît déjà par les revues, les mémoires des académies et autres moyens extra-communs. S'agit-il d'hétérogénie par exemple? Pasteur, Joly et Milne-Edwards n'auront pas terminé leur querelle qu'il aura, lui, fouillé, agrandi, généralisé la question dans des proportions démesurées: «Suis-je un ange déchu ou bien un lézard élevé à la dignité d'homme? Suis-je un orang-outang embelli ou bien un Créateur divin mit-il six jours entiers à pétrir et à façonner l'argile dont il a fait l'image auprès de laquelle les plus beaux chefs-d'œuvre de Praxitèle sont comme la photographie des momies déterrées des pyramides auprès des vierges de Murillo? Moi qui ai chanté les Miséréres d'Allégri et de Palestrina, peint la chapelle Sixtine et jeté dans les airs la coupole de Saint-Pierre, ai-je un Dieu pour ancêtre ou suis-je le petit-fils d'un ciron issu lui-même d'une putréfaction végétale? En d'autres termes, mon berceau est-il sur le sommet de l'univers ou dessous cette boursouflure de fange où, à l'aide de vos microscopes, vous cherchez les générations spontanées ? »

Toutes ces questions que l'humanité pose aujourd'hui et posera éternellement à la science et aux savants, il les a, lui, compulsées et résolues dans son esprit, et disséminées dans ses livres et dans ses discours, agrandies et généralisées avant même que les savants aient fini d'en discuter.

La science des fossiles, la paléontologie n'a pas plus de secrets pour lui que la biologie ou science de la vie. Esprit avide de tout connaître, il court sur tous les champs d'expérimentation, évalue avec Quenstedt le nombre de milliers de siècles qu'il a fallu à certaines couches carbonifères pour se former, reconstitue les faunes et les flores disparues, va des roches volcaniques du Puy, séjour prétendu d'un homme antédiluvien, aux sablières de Moulin-Quignon, des tourbières du Danemark aux ruines des cités lacustres de la Suisse, des dolmens druidiques de la Bretagne au tumuli de l'Ohio, scrutant tout, vérifiant tout, interrogeant tout, et suivant d'un bout du monde à l'autre cette science si féconde en révélations encore qu'on l'ait accusé de mêler parfois un peu de superstition à l'ensemble de ses certitudes.

Mais là où son âme avide d'émotions nouvelles se plonge avec délice, là où son esprit excelle à percevoir des rapports cachés que nul autre n'a soupçonnés avant lui et dont personne mieux que lui ne sait tirer des effets merveilleux d'éloquence, c'est au sein des sciences ethnologiques dont fait partie l'Archéologie, cette connaissance merveilleuse, véritable Prêtresse du temple de l'Antiquité qui vous reçoit sur le seuil de ses portiques et vous conduit par la main jusqu'au fond du sanctuaire pour y recevoir la sûre initiation à ses augustes mystères.

Et que lui apprennent ces deux pythonisses, l'Ethnographie et l'Archéologie? La première, de concert avec l'anthropologie, lui dévoile par la bouche des Humboldt, des Blumenback, des Quatrefages et des Pritchard tout ce qu'il est donné de savoir sur l'unité ou la pluralité d'origine de l'espèce humaine ; elle l'instruit de tous les grands problèmes que soulève cette importante question, depuis celui de savoir si on peut ramener les différents types humains à une seule race, la caucasienne, jusqu'à celui qui consiste à élucider, si chez tous les hommes indistinctement, aussi bien chez les cannibales australiens et les Boschimen qui habitent au pied des montagnes Neigeuses du Cap, que chez les citoyens de Paris et de Londres; on retrouve partout les traces de cette empreinte divine imprimée dans l'âme de la créature par la main du Créateur. Quant à l'autre... Ah! l'autre! qui pourra dire jamais ce qu'il a dû résulter de fictions brillantes, de rêveries, de troubles inconnus et délicieux de ce commerce spirituel entre une imagination passionnée de beau, d'idéal, et l'esprit de tous les âges, de tous les pays, de tous les peuples de la terre conversant par la voie des temples ruinés, des colonnes brisées, des sépulcres vides, des monuments cyclopéens, des pyramides gardées par les gigantesques sphinx couchés à leurs pieds dans l'océan de sable et de feux des déserts africains, des ruines imposantes de la tour de Babel, immense amas de briques qui gît renversé sur la plaine de Sennaar semblable à un Titan foudroyé par Jupiter ; des ruines de Nepata publiant la gloire du grand Sesostris du haut du mont Barkal; des ruines de Pæstum, du Parthénon, du temple de Thésée, ce trophée de Marathon; de celles de l'Odéon où Pindare et Sophocle ont déclamé leurs vers, du Pnyx où retentit la grande voix de Démosthène; du Forum romanum un moment restauré par Charlemagne, de toute cette antiquité, enfin, immense nécropole peuplée d'ombres illustres, de civilisations éteintes, de grandeurs disparues, de monuments entassés, de langues mortes, de dieux mutilés, de religions évanouies, d'empires oubliés ; Darius, Cyrus, Alexandre, Babylone, Sodome, Bethléem, Sémiramis, Salomon, Cléopâtre, Confucius, Thamas Kouli Khan, Golconde, Bagdad, l'Euphrate, le Tigre, tous les conquérants, tous les prophètes, tous les rois, les sciences perdues, les chefs-d'œuvre détruits, les arts inappris, les guerres, les carnages, les tragédies, les apothéoses, les ruines, les cataclysmes, les enfantements, les conquêtes, les désastres, les victoires, les idylles, les catastrophes, les génies, les tyrans, les sauveurs, les héros, les prodiges, tout cela reconstitué, animé, vivant, éclairé par des lueurs bizarres, semblables aux flamboiements apocalyptiques, faites de toutes les aurores et de tous les crépuscules des jours tour à tour radieux ou tourmentés dont se compose l'histoire de l'humanité!

Oui, son esprit, comme il le dit lui-même, est de tous les temps, de tous les pays, de tous les arts, admirant la beauté partout où elle se trouve, conscience éclectique pour laquelle l'art n'a ni bonne ni mauvaise origine. Ici c'est le spectacle de la nature qui fixe ses regards, là les rites religieux, plus loin le faste des grands. Pour l'art de même que pour la science, l'univers est son domaine, il erre d'un bout à l'autre du monde à la poursuite d'une lueur d'idéal et de poésie. Vous le rencontrerez aussi bien admirant un de ces sites merveilleux décrits dans le Périple d'Hannon, véritables jardins des Hespérides enfantés dans le cerveau des poètes, qu'à Mégare, dans ce faubourg de Carthage, confondu au milieu des cohortes des Cimbres et des Celtibériens, ses compatriotes, étendu sur les vastes pelouses des forêts de rosiers et d'arbres à thé aux senteurs parfumées, prenant sa part de ce festin colossal ébauché par l'auteur de *Salambô* imitant les barbares qui plongent les mains et la figure dans les plats d'or et d'argent, mordant à même un des mets quelconques de cette cuisine abracadabrante inventée par Flaubert — un cuisinier qui vivait du temps d'Amilcar — tenant des discours subversifs et suscitant la révolte parmi les mercenaires.

Si la fantaisie lui prend en sortant de là de vous montrer dans un de ses écrits ou de ses discours un côté quelconque de la vie des anciens, le faste de Lucullus, par exemple, il vous introduira dans ce salon d'Apollon où ce Crésus donnait des repas dont le moindre coûtait cinquante mille francs; là, couché sur un lit fait des bois les plus précieux incrustés d'or, d'ivoire et de pierreries, étendu sur des coussins d'une mollesse recherchée, vêtu du péplum de pourpre et le front couronné de roses, il vous fera prendre place autour d'une de ces tables où figuraient les mets les plus délicats de cette époque et pour la réunion desquels l'univers entier avait été mis à contribution. Il vous donnera la description de ces somptueux repas où l'on voyait à côté des pintades et des truffes d'Afrique, les lapins d'Espagne, les faisans venus des bords du Phase, les paons apportés de l'Asie, l'abricot de l'Arménie, les coings de Sidon, la framboise du mont Ida, les cerises, que Lucullus lui-même était allé conquérir dans le royaume du Pont, les poissons importés des pays les plus lointains conservés dans du miel et ceux élevés dans les viviers de l'amphitryon, alimentés par des canaux qui allaient chercher l'eau à plusieurs lieues jusque dans la mer. Les vins d'Italie, de Sicile et de la Grèce, servis dans des amphores et des cratères artistement ciselés, mêlés de fleurs et d'aromates. Il vous fera apprécier tous les détails, tous les raffinements de ce luxe véritablement asiatique, de ces festins où des armées de serviteurs s'empressent autour des convives ; où des hérauts préposés à cet effet annoncent la composition parfois très compliquée et vantent le mérite des mets; où de belles Romaines, le plus souvent à demi vêtues, prennent place sur le même lit, auprès des invités, et donnent à ces fêtes le caractère d'une de ces orgies parfaites que le pinceau de Couture n'a pu rendre qu'imparfaitement; où l'on respire la volupté par tous les pores, où les musiques emplissent l'air de flots d'harmonie, et les brûle-parfums, de nues de senteurs suaves et déliées; où des milliers de lumières scintillent dans toutes les facettes des lustres et dans tous les reliefs des métaux et des jaspes, et où des troupes de danseuses vêtues de quelques mètres de gaze, tressent leur pas dans l'embrasure des vérandas, derrière lesquelles se détachent les jardins parfumés surplombés du ciel bleu constellé d'étoiles.

Les menus faits, la chronique scandaleuse de la vie privée des anciens lui sont aussi familiers que les grands fastes historiques. Il vous montrera tout aussi bien les petites misères de ce poète Martial, son compatriote, traînant alternativement le cynisme ou la flatterie dans toutes les antichambres des grands, que les turpitudes de la vie d'Horace, autre poète aux mœurs douteuses, errant à la brune dans les ruelles du quartier Subure à la poursuite de quelque louche aventure. A moins qu'il ne vous dévoile la piquante intrigue dont quelque grand aura été le héros, qu'il ne vous montre César, le propre vainqueur de Pharsale, dont la jeunesse brillante et dissipée autorise toutes les suppositions, égaré par une de ces belles nuits, dépeintes par Alessandro Verri, dans l'enceinte de quelque lieu sacré, se promenant dans les bois consacrés aux chastes divinités, d'où les passants attardés dans la campagne romaine ont vu plus d'une fois s'enfuir dans l'ombre à leur approche, le voile blanc d'une vestale semblable à un vol de colombes effarouchées.

S'agit-il, au contraire, de secouer le suaire de corruption dans lequel la Rome païenne s'était ensevelie vivante pour vous retremper dans des spectacles plus édifiants ? Confiez-vous à lui encore une fois, c'est un guide sûr et expérimenté. Suivez-le le long de la voie Appienne, il vous introduira dans de sombres galeries souterraines, percées de niches remplies de cercueils, surmontées d'inscriptions funéraires, à peine éclairées de loin en loin par quelques lampes; ces galeries sinueuses qui s'allongent devant vous sont croisées en tous sens par d'autres et d'autres encore. Un moment vous vous sentirez saisi de terreur, vous vous croirez perdu dans ce funèbre labyrinthe; mais bientôt une harmonie céleste, un chœur lointain arrivera jusqu'à vous, adouci encore par son passage dans les routes tortueuses, semblable à la marche triomphale des élus au jour du jugement dernier. En avançant dans la direction d'où sortent ces accents mélodieux, vous découvrirez soudain une salle illuminée où se célèbrent des mystères devant une nombreuse assemblée : vous reconnaîtrez les Catacombes; d'où sortiront bientôt en foule nombreuse, des chrétiens, qui comme Pancrace, Polyeucte et Fabiola iront dans tous les prétoires lancer le mépris à la face des idoles, et demander aux sbires, quand s'ouvriront pour eux les portes des amphithéâtres, par où l'âme des martyrs prend son envolée vers les cieux.

Désire-t-il vous séduire par la variété des tableaux et des attrayants souvenirs? Alors quittant les bords du Tibre pour ceux du Cydnus, il vous conduira à Tarse, le jour où apparut, sur ce fleuve, ce vaisseau merveilleux, chef-d'œuvre de l'art nautique, qui portait sur un trône, semblable à la reine des mers, plus belle même que Vénus sortant de l'onde, entourée de musiciens et d'un essaim de beautés comparables, sous les dais de brocard d'or et dans le fouillis des étoffes et des fleurs, à une escorte d'Ondines et de Sirènes, cette reine d'Égypte, surgie là tout à coup comme une vision venue du pays des mille et une nuits, vision radieuse à l'égal de ces cortèges de vierges qu'on nous représente se promenant dans la voie lactée au milieu d'avenues d'étoiles, venue là pour déposer son double diadème de reine et de femme au pieds d'Antoine, ce nouveau Thésée qui n'avait qu'à paraître pour triompher, mais qui, hélas ! devait bientôt, à l'instar du héros grec, essuyer l'inconstance de cette magicienne, plus instruite qu'une hétaïre grecque, plus séduisante qu'Ariane, plus rusée que Médée, plus perfide que Phèdre et plus belle et plus volage qu'Hélène et que Pasiphaé.

Et comme il a à sa disposition tous les pouvoirs de la magie, qu'il peut bondir d'un bout à l'autre de l'espace et du temps, il vous introduira bientôt dans un de ces champs de fêtes, où après avoir passé plusieurs jours sous des tentes en dehors des villes consacrées au jeûne et à la pénitence, en souvenir des tristesses endurées pendant quarante années dans le désert, les Israélites se livraient, pour célébrer à son tour l'anniversaire de leur entrée dans la terre promise, à des divertissements accompagnés de cérémonies religieuses dans lesquelles des prêtres, porteurs de thyrses ornés des fruits des plus beaux arbres, de branches de palmiers, de rameaux d'arbres touffus et de saules du torrent, parcouraient processionnellement la campagne au milieu des démonstrations de joie et d'allégresse. Sorte de pieuses bacchanales auxquelles tout le monde prenait part, la fille de la maison, le serviteur, le lévite, l'étranger, où le vin coulait à pleins bords, où les danses et les festins se prolongeaient bien avant dans la nuit, où enfin, des cortèges composés des plus belles juives au visage souriant, aux grands yeux noirs ornés de cils épais, au cou et aux épaules sur lesquelles se jouent les reflets veloutés de l'albâtre, la taille fine, les seins protubérants, les hanches développées, nu-pieds et vêtues de légères batistes, le sourire de l'amour dans les yeux, l'éclat de la jeunesse sur le front, et les lèvres teintes du vin des libations, allaient en esquissant leurs pas religieux, puiser l'eau lustrale de leurs sacrifices à la fontaine Siloë.

Ici c'est une de ces innocentes et ravissantes idylles surprise par Bernardin de Saint-Pierre dans les forêts vierges de l'Amérique qu'il déroule sous vos yeux.

A l'heure où le soleil trempant sa chevelure d'or dans l'Océan, a disparu depuis quelque temps déjà derrière la verte transparence des eaux, et où la nuit, étendant son manteau d'azur balafré de rouge par les dernières lueurs du crépuscule, enveloppe la nature entière dans un calme mystérieux et profond, à peine troublé par le bruit uniforme et monotonement insinuant des vagues se brisant dans le lointain, sur les sables cristallins du rivage; dans un de ces Édens conçus dans l'imagination des Khans et des Mirzas, et réalisé dans quelque baie du golfe Persique; dans un de ces jardins merveilleux qui font la gloire et les délices des orientaux, d'où se déroulent, aux pieds de collines, d'un côté des forêts de rosiers et d'orangers, et de l'autre des montagnes dont les sommets sont couronnés de sapins, et les flancs tapissés de fougères, de ronces aux campanules d'or, d'aubépines aux coroles blanches et d'azalées touffus, du plus vif incarnat; là, au milieu de cette nature luxuriante, sur des pelouses de gazon vert, émaillées de tulipes et d'orchidées, et sous des dômes de feuillages formés par l'entrelacement des branches de nopals, de sycomores, de cèdres, et du bombax gigantesque étalant dans le ciel son admirable panache de fleurs rouges, à travers lesquelles la lune, qui semble s'être arrêtée extatique se détache comme un disque d'argent mat, dans le profond azur des cieux, il vous montrera quelque jeune Persane, plus gracieuse et légère que la gazelle, aux bras frêles, aux yeux brillants, à la lèvre vermeille, dont le regard plus profond que les abîmes céruléens sait lire jusqu'aux plus secrètes pensées; et vous entendrez le crissement de la soie, le frémissement des âmes, les aveux d'amour enfantin et les serments éternels.

Et en quelques traits de plume, il vous dépeindra avec une pureté de dessin et une ampleur de profil admirables le caractère propre de toutes les races de femmes qui peuplent le globe, qu'il s'agisse d'une de ces Andalouses dansant « un de ces *jaléos*, dont les cadences et les poses, comme il l'écrit, font s'arrêter de dépit les étoiles dans les hauteurs des cieux », ou d'une de ces Circassiennes ou de ces Persanes, plus belles que les constellations du ciel de l'Orient, leur radieuse patrie, vraies filles de lumière, dont le sang est plus ardent que la lave des volcans, et l'âme tendre et parfumée

10.

comme la fleur, à l'instar de ces vierges du paradis de Mahomet qui sont si caressantes et si douces au dire du Coran que si l'une d'elles avait craché dans la mer l'onde n'aurait plus d'amertume.

La lecture de ses ouvrages constitue un vrai voyage sentimental. Les aspects les plus variés se pressent à chaque instant sous sa plume. La beauté et l'intérêt historique y prennent les formes les plus diverses. Tout à l'heure il vient d'esquisser une idylle : veut-il maintenant vous faire entrevoir des tableaux plus grandioses ? vous montrer cet on ne sait quoi d'imposant que renferme le spectacle du bonheur des grands, cette chose enviable entre toutes et qui est ce qui sur la terre :

Nous rapproche le plus de la divinité :
L'amour dans la puissance et dans la majesté...

comme dit Ruy Blas? Alors il vous transportera par la pensée dans ce beau pays de la Touraine par exemple, entouré de campagnes fertiles, traversé par des fleuves larges, tranquilles et profonds, glissant entre des rives fleuries, sillonné de ruisseaux limpides et frétillants qui murmurent une éternelle mélodie, sous ce ciel presque toujours serein, plus clair par moments que le ciel d'Italie, et plus mélancolique dans d'autres que le ciel de la Bretagne, regardé du haut d'une de ces falaises escarpées qui plongent sur l'Océan mugissant et inquiet comme un fauve égaré au milieu de solitudes désertes et tourmentées. Tout ce qui concourt à faire de ces contrées un coin du ciel perdu sur la terre il vous le fera sentir, toucher des yeux et de l'esprit: les populations laborieuses et fortunées pour qui semble avoir été écrit cet *O fortunatos nimium* de Virgile, qui a fait soupirer tant de poètes et de rois; le château tour à tour riant comme une villa florentine et sombre comme un manoir féodal; le vallon plus frais que les gouttelettes de rosée qui se balancent aux feuilles des arbustes par une matinée de printemps; les bois, les pelouses, les massifs d'arbres, le lac et les fleurs qui entourent la fastueuse demeure, qui se détache dans son nid de verdure comme un cygne au milieu des plantes aquatiques d'un étang; tout enfin ce qui peut servir à faire reconnaître les châteaux de Loches ou de Chinon et a donner une idée aussi parfaite que possible de la puissance des acteurs par la sublimité de la scène. Et après avoir si magistralement tracé le cadre où l'action va se dérouler, il placera dans cette demeure, si admirablement emménagée pour la volupté, une magicienne, une beauté tourangelle si rayonnante de jeunesse, qu'on ne pouvait la voir sans jeter un cri de surprise, et de qui Voltaire a écrit qu'elle aurait dans ses chaînes :

Mis les héros, les sages et les rois...

et probablement aussi les philosophes et Voltaire, lui-même, tout le premier. Et il vous montrera, comme un enseignement de l'histoire, un roi de France, pareil à un roi d'opéra comique, organisant des ballets et des fêtes tandis que les Anglais se partageaient son royaume. Et vous verrez ce soldat que vous auriez pu surprendre jadis à Montereau, l'épée nue à la main et ayant de l'eau jusqu'à la ceinture, traversant les fossés et montant le premier à l'assaut sur les murailles abattues, converti maintenant, par les artifices de cette Circé, en un enfant transi d'amour qui aime mieux sacrifier renommée, gloire, puissance et trône que de s'arracher un seul instant aux enchantements de Loches et de Chinon, et qui consentirait volontiers à demeurer simple roi de Bourges et à n'être plus un des grands princes de la chrétienté pourvu qu'on le laissât se perdre à sa guise dans le coin le plus reculé de quelque sombre allée de ses châteaux, où il puisse, agenouillé auprès de son Agnès, comme Polyphème aux pieds de Galatée, improviser, suivant le cas, pour sa belle, des madrigaux plus galamment tournés que ceux de Demoustier, ou des sonnets plus ardents que ceux que Marguerite d'Écosse allait cueillir du bout de ses lèvres sur la bouche d'Alain Chartier.

C'est par de semblables tableaux, par de tels moyens que Castelar sait charmer ses auditeurs et ses lecteurs. C'est là sa manière, ce que nous appelons son tempérament d'écrivain. Nous n'avons pas la vanité de croire que nous avons parlé dans ces peintures, dans ces récits et dans ces descriptions, comme il le fait lui-même lorsqu'il les entreprend. Mais nous avons essayé de donner une idée de sa manière, de ses préférences, de ses innombrables aptitudes. Bien entendu nous sommes resté au-dessous de ce que nous imposait un pareil sujet. Le moyen du reste, à moins d'être Castelar en personne, de s'élever à la hauteur de sa mission, quand il s'agit d'analyser, ou au contraire de synthétiser toutes les particularités, les innombrables ressorts d'une organisation aussi complexe que la sienne! Si l'importance de la difficulté à vaincre pouvait excuser le défaut de valeur intrinsèque d'un travail, nous pourrions espérer d'obtenir grâce pour celui-ci; mais comme il n'en est rien, et que l'on pourra nous objecter, en parodiant le vers de Molière que la difficulté pas plus que le temps ne fait rien à l'affaire :

ORONTE.

Au reste vous saurez
Que je n'ai demeuré qu'un quart d'heure à le faire.

ALCESTE.

Voyons, monsieur; le temps ne fait rien à l'affaire,

il ne nous reste qu'à nous excuser humblement de n'avoir pas su mieux écrire. Aussi pour suppléer à notre insuffisance, nous réservons au lecteur, dans la partie suivante, des extraits soigneusement choisis des œuvres d'Emilio Castelar, qui lui permettront de porter un jugement en toute connaissance de cause. Nous osons espérer, malgré tout, que ce que nous avons dit dans cette partie n'aura pas été complètement inutile pour corroborer l'impression que l'on retirera de ce qui va suivre.

III

Conformément au plan que nous nous sommes tracé, et à l'engagement que nous avons pris, nous allons parler maintenant de l'œuvre de Castelar, non pour en faire une analyse complète, l'œuvre est trop complexe et un pareil travail demanderait plusieurs volumes; mais pour en donner une idée au moyen de quelques extraits soigneusement choisis, et dont nous présenterons une traduction qui leur laisse leur cachet originel, sans remaniement des phrases, et sans rien changer pour ainsi dire au style brillant et pompeux qui caractérise toutes ses productions.

Les œuvres de Castelar sont nombreuses, nous en donnons ici l'énumération entière, sans égard à l'ordre des dates auxquelles elles ont paru.

Indépendamment d'*Alphonse le Sage* et de la *Sœur de Charité* dont il a déjà été parlé en tête de ce travail, et dont le succès relativement restreint nous dispensera de nous en occuper autrement (ces ouvrages représentent 4 vol. in-8), il faut citer :

Formule du progrès, 1 volume;

Défense de la formule du progrès, 1 vol. in-8;

Questions politiques et sociales, 3 vol. in-8;

La Civilisation dans les cinq premiers

siècles du christianisme, 5 vol. in-8;

Discours parlementaires prononcés à l'Assemblée constituante, 3 vol. in-8;

Souvenirs d'Italie, 2 vol. in-8;

La Question d'Orient, 1 vol. in-8;

Fra Fillipo Lippi, un très fort volume du prix de 25 francs;

Études sur le Moyen Age, 1 vol. in-8;

Essais littéraires, 1 vol. in-8;

Esquisses et profils d'hommes et d'idées, 1 vol. in-8;

Un autre volume très fort de *Discours politiques;*

Enfin *Miscelanée d'histoire, de religion et d'art*, 1 vol. in-8;

Et son magnifique *Discours à l'Académie espagnole* dont nous nous occuperons plus spécialement dans ce travail, parce qu'il est la synthèse des opinions et des idées d'Emilio Castelar sur notre temps.

Tout cela représente environ la valeur de 20 à 25 forts volumes in-12.

C'est donc avec raison que nous pouvons dire que c'est une œuvre considérable, surtout eu égard à la qualité de ces travaux.

Nous ne dirons qu'un mot sur chacun de ces ouvrages, autres que les *Discours parlementaires*, le *Discours à l'Académie* et un ou deux autres auxquels nous ferons les emprunts que nous désirons mettre sous les yeux du lecteur.

Alphonse le Sage est un roman historique. Le défaut reproché à cet ouvrage, plein d'aperçus intéressants, est de présenter sous forme de roman une étude historique qui aurait dû être franchement présentée sous la forme qui lui était propre : la biographie. Castelar a voulu peut-être innover ou plutôt introduire en Espagne, une manière modifiée d'Alexandre Dumas; mais Alexandre Dumas avait une facture qui lui était propre; les digressions et le dialogue qu'il maniait avec une adresse merveilleuse lui fournissaient de puissants éléments d'intérêt, toujours renouvelé, que tout le monde ne possède pas au même degré, ou que l'on ne peut toujours employer. De là la faiblesse relative de l'ouvrage de Castelar; ce qui aurait pu être dans sa main une étude historique profonde et fouillée n'a été qu'un roman moyen, c'est-à-dire une œuvre littéraire faite sur un patron qui ne lui convenait pas Néanmoins, nous le répétons, ce travail est semé d'aperçus d'une originalité remarquable et d'une grande portée historique.

Dans la *Sœur de Charité*, un touchant

tableau de la vie toute d'abnégation et de sacrifice de ces admirables femmes, dont la présence et le dévouement partout où il y a une douleur à consoler, jettent tant de baume dans le cœur des déshérités, Castelar a mis toute l'ardente foi qu'une âme aussi enthousiaste que la sienne peut puiser dans le sein d'une mère pieuse et aimante, dans un pays aussi foncièrement croyant que l'Espagne. Les impressions de jeunesse, les croyances reçues au sein de la famille ne s'effacent jamais, quoi qu'on dise ou quoi qu'on fasse. Certains de ses biographes présentent Castelar comme panthéiste. Nous n'affirmons ni ne nions rien à ce sujet; cependant notre conviction est que Castelar est franchement spiritualiste, et spiritualiste dans le meilleur sens du mot, c'est-à-dire dans le sens chrétien et peut-être même catholique. Son catholicisme n'est peut-être pas celui de tout le monde : il peut avoir des idées arrêtées sur les dogmes et surtout sur le rôle et sur l'esprit qui doit animer l'Église contemporaine ; mais son œuvre entière, qui n'est qu'un souffle, une flamme échappée de son âme, répond victorieusement à toute imputation de matérialisme ou d'athéisme. Non, Castelar n'est pas un athée, cela est notoire.

Profils de personnages et esquisses d'idées, *Études historiques sur le moyen âge*, *Miscelanée d'histoire, de religion et d'art*, *Question politique et sociale*, *Essais littéraires* et la *Question d'Orient* sont une série d'études détachées dont on ne perçoit pas bien à première vue le rapport ou la liaison, mais qui convergent toutes vers le même centre et tendent au même but : instruire les générations, éclairer l'histoire et étayer les convictions politiques de l'auteur ; être comme la justification raisonnée de ses croyances, de ses opinions, de son œuvre, et plus encore de sa longue et active carrière dans la vie publique. Il y a là comme l'inventaire des idées et des motifs qui peuvent déterminer une conviction et engendrer cette persuasion qui vous fait poursuivre la réalisation de ce que vous croyez être la vérité et la justice. Il en est de fort éloquentes parmi ces études, et presque toutes sont empreintes de cet air de sincérité qui est une des notes dominantes de la physionomie de l'auteur. Il aime à rendre à chacun ce qui lui appartient ; au milieu de ses plus brillantes apologies de l'idéal démocratique et républicain il n'est pas rare de rencontrer des éclairs de froide et impartiale raison. « Lorsque la force du droit féodal attachait le monde de sa pesante chaîne, la masse du roi était invincible parce qu'elle pulvérisait ces chaînes », écrit-il dans une de ses études. Et un autre jour, comme un défi jeté à ceux qui ne voient dans les doctrines religieuses qu'un instrument d'avilissement et d'oppression pour les peuples, il commence ainsi un de ses articles : « En servant la cause de la démocratie nous servons aussi la cause du christianisme ; » preuve indiscutable qu'il considère le christianisme, non pas comme coercitif de la liberté, mais comme un auxiliaire, comme un frère d'armes digne de marcher avec elle la main dans la main à la conquête de toutes les émancipations compatibles avec la stabilité de l'ordre social. « Tous nos rois, dit-il en substance dans un autre passage, ont été mêlés à toutes nos conquêtes comme à toutes nos gloires et nos tragédies ; ils ont pour ainsi dire incarné le génie de la patrie. » Il aime à leur rendre cette justice ; plus tard, il est vrai, il ne les ménagera pas s'il croit que la raison et la justice l'exigent.

Avant de passer à l'examen de ses *Discours parlementaire* et du *Discours à l'Académie*, disons quelques mots de *Fra Filippo Lippi*, de la *Civilisation pendant les cinq premiers siècles du christianisme* et des *Souvenirs d'Italie*.

Fra Filippo Lippi est une œuvre capitale où se trouve retracée d'une façon magistrale la vie de ce moine artiste que malgré certains déréglements on doit compter au nombre des représentants de cette illustre pléiade d'artistes sacrés parmi lesquels figurent les Fra Bartolomeo, les Fra Angelico, les Jacopo da Todi et tant d'autres maîtres qui se sont élevés sur les ailes de la foi et du génie à des hauteurs rarement égalées depuis.

Il y a dans la *Civilisation dans les cinq premiers siècles du christianisme* une telle abondance de faits et d'idées, que cette œuvre se refuse à toute analyse; il faut pour en avoir une idée, la lire d'un bout à l'autre. On peut affirmer, sans crainte d'être démenti, que jamais les sujets d'histoire n'ont été traités de la façon qu'ils le sont dans ce livre. Ni Michelet avec sa vaste et profonde érudition, ni Quinet avec sa fiévreuse imagination n'ont rien produit qui lui soit comparable en éclat; le coloris, les images, cette action même qui se déroule dans l'œuvre, brillent avec le scintillement des coupoles de ces églises moscovites, aux rutilantes toitures, sous les feux des rayons obliques du soleil couchant, Lui-même en est émerveillé quant il relit cette œuvre de jeunesse, et il dit en riant, avec cet esprit qui distingue les Andalous, qu'il faut pour les lire se mettre des conserves. Qu'on s'imagine la plus belle partie de l'histoire du genre humain représentée dans une série de tableaux peints par le Corrège avec des pinceaux trempés dans le ciel de Venise: voilà l'*Histoire de la civilisation dans les cinq premiers siècles du christianisme*.

Passons sur les *Souvenirs d'Italie* qu'il faut encore lire pour avoir la moindre idée des beautés qu'ils renferment. Il y a là telles études, Mantoue et Virgile, Notre-Dame des Anges, et plusieurs autres tracées de main de maître, mais le cadre restreint de ce travail ne nous permet pas de les aborder; il faudrait d'ailleurs tout citer.

Parlons maintenant des *Discours parlementaires* et du *Discours de réception à l'Académie* que nous viserons plus spécialement.

Les *Discours parlementaires* d'Emilio Castelar ont eu en Espagne et à la Chambre un retentissement considérable. En dehors de la fougueuse éloquence dont ils sont presque tous empreints, ils empruntaient à la gravité de la situation politique et au sujet même qu'ils traitaient un puissant élément d'intérêt.

Quelle œuvre magistrale que celle de cet homme pendant les deux années qu'il a siégé à l'Assemblée. On peut dire qu'il a fait à lui seul les frais de presque tous les grands débats qui ont eu lieu au corps législatif de cette époque. Trente-deux grands discours politiques et un nombre considérable de rectifications, d'improvisations et d'incidents qui, dans sa bouche, prenaient tout de suite les proportions de véritables discours, tel est le bilan de cette mémorable campagne parlementaire. Dire qu'il était le premier et le plus écouté de tous les orateurs de cette Assemblée serait une superfluité ; sa parfaite courtoisie, le soin qu'il prenait toujours de ne blesser personne, de ne point faire de personnalité ni d'allusions injurieuses, de toujours faire précéder ses attaques d'explications qui leur enlevaient tout caractère malveillant, lui conciliaient en toutes occasions l'attention et les sympathies des députés de tous les partis. Les plus importants de ses discours sont : celui prononcé le 20 juin sur l'abolition de l'esclavage et ceux du 11 mai et du 12 mars de la même année sur les lois organiques municipale et provenciale et sur la politique générale du gouvernement.

Selon le but qu'il se propose, il sait donner à ses harangues le véritable caractère qui leur convient. Il manie aussi bien la fine et la mordante ironie qu'il sait déchaîner la fougue irrésistible des plus beaux mouvements oratoires. Son discours sur la politique générale du gouvernement est un petit chef-d'œuvre du premier genre. Attaquant la politique cauteleuse et équivoque du général Prim il s'adressait en ces termes à l'Assemblée :

« Ici, disait-il, tout est mystère et silence. Personne ne parle, personne ne veut parler. Je pourrai m'adresser à n'importe quel chef de groupe; diriger contre lui les imputations les plus calomnieuses, les plus malignes; m'adresser par exemple à M. Mata, qui dirige une fraction qui causa, il n'y a pas bien longtemps, certain désagrément à M. le président du conseil. Eh bien! M. Mata ne parlera pas.

» En suite je procurerai à M. Madoz l'occasion de crier : « Vive le duc de la Victoire! » Et encore que sa qualité dominante soit la franchise, M. Madoz ne parlera pas.

» J'irai après à l'endroit où sont mes anciens amis, et je demanderai à M. Rodriguez, qui a aussi un tempérament guerrier, pourquoi il a déserté la vice-présidence et pourquoi il a abandonné ses amis, et nonobstant qu'il se contienne difficilement et que la phrase :

« Je demande la parole ! » erre sur ses lèvres, M. Rodriguez ne parlera pas.

» Je m'adresserai ensuite à M. Martos. M. Martos est mon ami, mais il ne daigne jamais me faire des confidences politiques ; mais je connais, je devine ses idées à son attitude mystérieuse; cette Assemblée en réalité paraît être une assemblée d'ombres. Il n'y a ici que deux choses franches, messieurs les députés, ma parole et la figure de M. Topète. (*Rires et applaudissements.*)

» M. Martos est profondément dégoûté de cette situation, croyez-le, messieurs; il voit le gouvernement faire une conversion vers la droite, il le voit avec déplaisir, avec douleur, n'en doutez pas. Pourquoi ne parle-t-il pas ? Pourquoi ? Pourquoi ne déploie-t-il pas son drapeau ? Voulez-vous la clef d'une aussi étrange énigme ? Je vais vous la donner. Tout le monde se tait, parce que tout le monde attend quelque chose du général Prim. Oui, tout le monde attend son messie du général Prim.

» Je ne doute pas que cette politique ne soit très habile, très diplomatique ; mais cette politique a un grand inconvénient... »

L'à-propos ne lui fit jamais défaut à la tribune. En voici une preuve.

« ...Que monsieur Rivero veuille bien m'écouter, disait-il un autre jour, car je vais lui donner l'occasion de rendre un grand service; qu'il veuille bien m'écouter.

M. Rivero. — Il y a deux heures que je vous écoute.

— Votre Excellence m'écoute depuis deux heures, et moi qui caressais l'illusion de croire que Son Excellence aimait à m'entendre !

M. Rivero. — Mais certainement.

— Moi je dis à Son Excellence que je l'écouterais volontiers trois heures, quatre même, sans jamais me fatiguer et en apprenant toujours.

M. Rivero, *ministre de l'intérieur*. — En aucune façon.

— Oui monsieur Rivero, en apprenant toujours, car je ne suis pas un ingrat, et je n'ai pas oublié tout ce que j'ai appris de vous en politique. »

Ce parallèle qu'il fait entre deux démocraties est à copier en entier.

« La démocratie française a un glorieux patrimoine d'idées : la science de Descartes, la critique de Voltaire, la plume de Rousseau, la monumentale *Encyclopédie* ; et la démocratie anglo-saxonne a pour héritage un livre d'une société quasi primitive: la *Bible*. La démocratie française est le produit de toute la philosophie moderne, elle est le cristal éclatant figé dans le creuset de la science; et la démocratie anglo-saxonne est le produit d'une sévère théologie apprise par quelques fugitifs chrétiens dans les sombres cités de la Hollande et de la Suisse par où vague l'ombre austère de Calvin. La démocratie française se présente suivie de cohortes de tribuns illustres, d'artistes qui rappellent les temps helléniques ou les temps de la Renaissance: Mirabeau la tempête des idées; Vergniaud la mélodie de la parole; Danton le feu, l'ardente lave de l'esprit; Camille, l'immortel Camille, éternel sublime enfant échappé d'Athènes avec un ciseau à défaut d'une plume, sorte de bas-relief du Parthénon, vivant, animé; et la démocratie anglo-saxonne se présente avec des talents modestes : Otiz l'humble publiciste ; Jefferson l'orateur pratique ; Franklin, le sens commun fait homme ; tous simples comme la nature et patients et tenaces comme le travail. La démocratie française improvise quatorze armées en un jour, gagne des batailles épiques, forge des généraux comme Dumouriez, le vainqueur de Jemmapes ; comme Masséna le vainqueur de Zurich ; comme Bonaparte, le général des généraux, le héros des héros ; et la démocratie anglo-saxonne soutient une guerre chanceuse, n'a que de petites armées et pour général que Washington, dont la gloire est plus dans les cités que dans les camps, dont le nom sera plus prisé parmi les grands citoyens que parmi les grands héros; et cependant la démocratie française, cette légion d'immortels, a passé comme une orgie de l'esprit humain ivre d'idées, comme un combat homérique où tous les combattants, ceints de lauriers, sont morts sur les boucliers richement ciselés; tandis que la démocratie anglo-saxonne, cette légion de travailleurs, persiste dans sa sécurité, dans sa grandeur, formant la portion la plus digne, la plus morale, la plus instruite et la plus riche du genre humain : parallèle révélateur des brillants moyens et des chétifs résultats de l'une, et des médiocres moyens et des brillants résultats de l'autre, parallèle révélateur écrit dans l'histoire avec des caractères ineffaçables pour nous montrer que la démocratie française se perdit par son culte à l'État, par sa centralisation, par son oubli du municipe, des cantons et même des droits de l'individu, au lieu que la démocratie anglo-saxonne s'est sauvée pour avoir été d'abord fondatrice des droits individuels, ensuite organisatrice d'un municipe autonome, et en dernier lieu d'une série de cantons ou États également autonomes; instruments puissants avec lesquels elle concilie l'autorité avec la liberté, en nous fournissant le modèle de la politique moderne, en récompense de quoi, Dieu, qui accorde toujours de grands biens aux peuples artisans du progrès, lui a accordé, non plus ce qu'il avait accordé à la Grèce : la liberté, la philosophie et l'art; et à la Rome du droit, l'éducation et par conséquent l'empire moral de l'ancien monde; mais la force de la vapeur pour qu'elle domine la nature, les étincelles du télégraphe pour qu'elle donne des ailes de lumière à la parole, et l'inébranlable liberté pour qu'elle soit dans les forêts du nouveau monde le centre vers lequel gravitent toutes les intelligences, et l'idéal qu'invoquent tous les peuples désireux de fonder leur vie et leur dignité sur les granitiques bases de la justice et du droit. »

Dans son discours du 11 mai 1870 sur la loi organique municipale et provinciale, il y a aussi des passages à citer. Celui-ci par exemple, dans lequel l'orateur s'efforce de démontrer que la centralisation politique, qui est l'œuvre des monarchies, ne saurait convenir à un régime démocratique. Il exalte le système fédératif qu'il oppose au système de centralisation.

La première partie est particulièrement remarquable; elle commence ainsi:

« Messieurs les députés, il n'y a pas de lois aussi transcendantes à la vie publique que les lois d'organisation municipale et provinciale. Le code même, qui sert de fondement à nos institutions, ne les surpasse pas en importance. Nous pouvons gagner dans ces lois tout ce que nous aurons perdu dans d'autres, et nous pouvons y perdre tout ce que d'autres nous auraient fait gagner. Ce que la semence est à la racine, ce que la racine est à la plante, ce que le ciment est à l'édifice, cela même est le municipe à la liberté. Et sinon, écoutez, messieurs, avec la bienveillance que vous me témoignez toujours les quelques observations simples et naturelles que je vais vous présenter.

» Nous sommes dans cette Assemblée

deux fractions fondamentales : une qui veut avant tout et surtout un gouvernement, l'autre qui veut avant tout et surtout la liberté. Eh bien ! l'une et l'autre sont persuadées que pour réaliser leur idéal, elles n'ont besoin que de s'emparer, même par surprise, des forces de l'État. Quiconque a les boulevards tranquilles, la garnison de Madrid soumise, le ministère de l'intérieur pour résidence, et le fil télégraphique pour conducteur de sa pensée et de sa volonté peut, sans nul doute, se flatter d'avoir à sa merci la nation dont les domaines s'étendent encore jusqu'en Afrique, en Asie et en Amérique.

» De là le désir universel de la conquête de l'État, et le mépris non moins universel de la conquête de l'opinion. Aussi il y a des gens qui se fatiguent de légiférer, de discuter, de propager, d'écrire, et ne se fatiguent pas de conspirer et de combattre, comme si la vie publique était une armée guerrière et les institutions un champ de bataille. Aussi les partis sont-ils organisés pour la lutte et désorganisés pour la légalité. Aussi toute action se concentre-t-elle dans la capitale, véritable cirque de gladiateurs politiques, et toute atonie dans les provinces. Aussi n'y a-t-il à la tête des partis gouvernementaux que des généraux qui résistent, et à la tête des partis populaires que des généraux qui attaquent.

» Aussi un jour, le 24 février, décide du sort des rois; et une nuit, la nuit du 2 Décembre, décide du sort des peuples. Aussi la liberté n'est pas la lumière, mais l'éclair, et le gouvernement à son tour n'est pas la force mystérieuse qui attire, comme la gravitation dans l'univers, mais la force aveugle, brutale qui opprime. Aussi ne voyons-nous en haut qu'une tourbe de bureaucrates et en bas qu'une tourbe de conspirateurs. Aussi une ville, une seule ville, Madrid, Paris, Vienne, Florence, sont toute la société. Quelques chefs militaires, Prim, Espartero, Narvaez, O'Donnel, tous les partis. Un court espace, celui qu'il y a de cette enceinte au ministère de l'intérieur, et du ministère de l'intérieur à la place de Oriente, la moelle épinière de tout un peuple. »

Voilà une peinture qui, on conviendra, est tracée de main de maître; la suite n'est pas moins instructive ni moins belle.

« Vous semble-t-il que cette situation puisse être la situation normale d'un grand État? Je suis sûr que tous, autant que vous êtes, vous me répondrez : Non.

Eh bien! il n'y a qu'un moyen de la changer radicalement: distribuer l'autorité par tout le corps social, comme le sang se distribue par tout le corps. Organiser rationnellement, avec les attributs essentiels à toute société démocratique, le municipe, la province, la nation, afin qu'il ne reste à l'État central, à l'État toujours enclin à la tyrannie, que la moindre direction possible. C'est là la loi de la variété dans l'unité. De quelque côté que vous tourniez les yeux, vous trouverez des témoignages de cette organisation rationnelle.

» Regardez dans le Cosmos, l'indépendance avec laquelle chaque monde se meut dans l'infini, et la force mystérieuse qui le tient comme suspendu autour de son soleil. Regardez dans votre physiologie comme chaque viscère agit indépendamment, est un organisme à part, et comme toutes s'arrosent du même sang, et comme le sang effectue sa combustion merveilleuse en décomposant et en prenant l'oxygène de l'air. Regardez la différence qu'il y a entre le sentiment et l'intelligence, entre l'intelligence et la raison, entre celle-ci et la volonté. Toutes sont indépendantes entre elles; mais toutes se nécessitent mutuellement. L'intelligence est la faculté des notions; mais elle a besoin des données que lui procure la sensibilité, comme la sensibilité, des impressions que lui procurent les nerfs. La raison est la faculté des idées, mais elle a besoin des notions de l'intelligence. Toutes en un mot, sont indépendantes et toutes se reconnaissent dans la conscience et forment l'esprit. Chaque entité, chaque être a sa loi; et l'accomplissement pour les entités sociales de leur loi naturelle, c'est ce que nous devrions nous proposer dans les lois écrites, —si nous désirions avec ces lois réaliser l'alliance de l'ordre avec la liberté, — l'alliance de la démocratie avec le droit.

» Pour vous persuader de ces vérités, je n'aurai qu'à vous montrer le sort des démocraties fédérales et des démocraties centralisées; le sort de la Convention de Paris et le sort de la Convention américaine le sort de Franklin et le sort de Danton. »

Après avoir achevé sa démonstration, il poursuit en ces termes :

« ... Soyons justes, la démocratie française fut poussée à la centralisation par les rois coalisés de l'Europe. Elle ne la voulait pas. Elle ne la voulait pas quand elle appelait les fédérations au champ de Mars. Elle ne la voulait pas quand elle cherchait dans les pétitions de ses peuples les formules suprêmes de la Révolution. Elle ne la voulait pas, quand La Fayette revenait de l'Amérique fédérale et quand Mirabeau ressuscitait l'éloquence grecque, grand art né dans les petites cités. Elle ne la voulait pas quand la tribune française fut escaladée par cette légion de girondins, de fédéralistes, qui semblaient échappés des champs de Chéronée pour ressusciter la ligue amphictyonique, jamais oubliée dans la mémoire humaine. La centralisation vint de la ligue des rois européens contre le peuple républicain. La centralisation émergea de l'ombre que toutes les couronnes projetaient sur le sol sacré de la République. La centralisation, comme l'échafaud, comme les tueries de Septembre, comme les armées innombrables, comme les généraux, comme tout ce qui corrompit la démocratie et finit par tuer la République fut une machine de guerre élevée par les peuples contre les rois en face de la machine de guerre élevée par les rois contre les peuples. Ainsi tout ce qu'il y a d'impur dans la Révolution française, tout retombe sur les rois. Ils le payèrent, oui, ils le payèrent, traînés derrière le char de Bonaparte; mais ils méritaient ce terrible châtiment, assassins de la liberté, assassins du droit! »

Toute question politique à part, on ne peut s'empêcher d'admirer ces magnifiques élans d'éloquence dont tous ses discours sont remplis.

Il y en a dans le discours sur l'abolition de l'esclavage comme dans tous les autres; on va en juger. Il est un portrait de Lincoln qui mérite surtout une mention particulière ; le voici :

« Je voudrais diriger un moment votre attention sur l'homme qui lava cette grande tache dans laquelle se perdaient les étoiles du pavillon américain. Ah ! le siècle passé n'a pas eu, les siècles de l'avenir n'auront pas une figure aussi grande, une figure pareille, parce qu'à mesure que le mal finit, finit aussi l'héroïsme. J'ai contemplé et décrit sa vie maintes fois. Engendré dans une cabane du Kentucky par des pères qui savaient à peine lire ; né, nouveau Moïse, dans la solitude du désert où se forgent les grandes et tenaces pensées sublimes et monotones comme le désert; élevé dans ces forêts séculaires dont les aromes et les murmures montent vers le ciel comme autant de nuages d'encens et de prières; navigateur à huit ans dans les impétueux courants de l'Ohio et à dix-sept ans dans les tranquilles et étendues eaux du Mississipi; bûcheron plus tard qui avec sa hache ouvre passage par des régions inexplorées à sa tribu de travailleurs errants; sans jamais avoir lu d'autre livre que la *Bible*, le livre des grandes douleurs et des grandes espérances, dicté parfois par les prophètes au bruit des chaînes traînées à Ninive et à Babylone; enfant enfin de la nature, par un de ces miracles qui ne sont compréhensibles que de la part d'un peuple libre, il combattit pour la patrie, et ses compagnons l'élevèrent au congrès de l'Illinois, il parla au congrès de l'Illinois, et ses commettants l'élevèrent au congrès de Washington; il parla au congrès de Washington et sa nation l'éleva à la présidence de la République; et quand le mal empirait et que les États se décomposaient, que les esclavagistes lançaient leurs hourras de guerre et les esclaves le râle du désespoir, le bûcheron, le navigateur, le fils du grand-ouest, le descendant des Quakers, humble entre les humbles devant sa conscience, grand entre les grands devant l'histoire, monte au Capitole, qui est la plus grande hauteur morale de notre temps; et serein, fort de son idée, de sa conscience, ayant devant lui les armées les plus aguerries de l'Amérique, et derrière, toute l'Europe ennemie, l'Angleterre s'inclinant vers le sud et la France visant à intervenir au Mexique, et dans sa main la patrie morcellée, il arme 2 millions d'hommes, réunit 525 000 chevaux, fait faire à son artillerie 1500 kilomètres en sept jours, depuis les bords du Potomac jusqu'aux bords du Tennessee; engage plus de six cents batailles, renouvelle à Richmond les faits glorieux d'Alexandre et de César et après avoir émancipé 3 millions d'esclaves, pour que rien ne lui manque, il meurt au moment même de sa victoire, comme le Christ, comme Socrate, comme tous les rédempteurs, au pied de son œuvre; œuvre immortelle, sur laquelle l'humanité versera éternellement ses larmes, et Dieu ses bénédictions. » (*Applaudissements.*)

On ne peut rien imaginer de plus beau comme souffle oratoire.

La souplesse de son talent est merveilleuse; tous les genres lui sont familiers. Il ne dédaigne pas non plus à l'occasion de faire un peu d'esprit. Témoin ce passage du même discours :

« ... Si un homme peut faire l'objet

d'une propriété, tous les hommes peuvent en faire l'objet. Mais demain viennent les grandes catastrophes sociales qui ressemblent tant aux catastrophes géologiques, demain le sens général humain est changé; la peau blanche et les cheveux blonds sont pour la nouvelle société ce que la peau noire et les cheveux crépus sont pour la société des Antilles, et dans ce cas, messieurs, quel serait le sort de mon éloquent ami le seigneur Romero Robledo[1] ? » (*Rires.*)

Puis se reprenant comme s'il regrettait ces rires dans un débat aussi sérieux :

« Ne riez pas, messieurs, les hommes les plus grands qui soient au monde aujourd'hui, les Anglais Brigth, Gladstone,

1. M. Romero Robledo est blond.

Shakespeare et Newton, descendants des antiques Bretons, ont été achetés et vendus dans leurs progéniteurs aux portes des temples de Rome ! »

Nous nous arrêterons à ce point de ses discours politiques, il faut savoir se borner et nous ne pouvons raisonnablement tout copier. Nous avons d'ailleurs à faire encore quelques emprunts au plus beau et plus important discours qui ait été prononcé depuis longtemps, son discours de réception à l'Académie espagnole.

La thèse soutenue dans ce discours est celle indiquée par ce début.

« J'ai cru conforme au caractère de cette solennité, dit-il en commençant, de diriger votre attention sur les concepts fondamentaux de notre temps, en démontrant la poésie qu'ils contiennent. »

En réalité il ne s'agit pas seulement de la poésie de notre époque, son discours est une véritable apologie de ce temps envisagé à des points de vue multiples.

Cela ressort de ce passage :

« Eh bien, je déclare que dans les concepts fondamentaux de notre temps, relatifs à la nature qui nous environne et à la société qui nous éduque, et à l'État qui nous gouverne, et à l'espace infini où toutes les choses sont contenues, et au temps éternel où tous les faits se succèdent, et aux horizons célestes d'où descendent sur nos âmes les clartés de l'inspiration, et aux vérités scientifiques sans lesquelles le créé et l'incréé nous apparaîtraient comme ces hiéroglyphes qui n'ont pas eu d'interprète, et à ces mêmes ineffables communications entre le fini et l'infini; dans tout ces concepts de la raison et dans toutes les multiples réalités qui en découlent, il y a matière suffisante pour des œuvres poétiques et artistiques sans nombre, comme dans les carrières du Pentélique, dorées par le soleil de l'Attique, où les Hellènes taillaient le marbre pour les harmonieuses statues de leurs dieux. Et remarquez que je ne considère pas l'art comme une copie de la nature, comme une imitation servile de la réalité, mais comme l'idéal dans l'essence. Pour moi l'artiste pénètre d'un coup d'œil avec l'intuition là où ne peuvent pénétrer les savants avec le raisonnement; il sème des inspirations qui contiennent l'éternelle révélation de la beauté; il crée spontanément des œuvres multiples à l'instar de ces forces naturelles qui ceignent les montagnes de neige et les vallées de lilas; il obéit à sa vocation intérieure ainsi qu'à un mandat divin, et il est absolument libre; il donne des lois et n'en connaît aucune; il joint à l'activité dirigée par la conscience une autre activité aveugle et sans conscience, dans les mystères de laquelle on a cru trouver tantôt un génie angélique, tantôt la superbe du démon; il extrait l'essence de toutes les choses; et il sent dans ses nerfs agités comme une harpe éolienne, l'étincelle électrique avant qu'elle éclate dans les airs, et dans son cœur ouvert à toutes les affections, le choc des douleurs sociales avant même que l'humanité les ait souffertes, et dans son esprit agité par une création continuelle des pensées encore à naître dans la conscience universelle, et dans son crâne le poids du nuage non encore condensé dans l'atmosphère;

se consumant dans ses propres flammes, se déchirant dans l'enfantement de ses créatures, mourant de son immortalité; gonflé de divination et de pressentiments qui le martyrisent, comme destiné à élever l'univers moral, très supérieur au matériel, par la vertu de l'esprit; car aucun papillon n'a jamais eu sur ses ailes, et aucune fleur dans sa corolle, des couleurs comparables à celles de la palette d'où sont sortis la Transfiguration et le Pasmo; aucun rossignol dans sa gorge et aucun ruisseau dans ses murmures, des mélodies comme celles échappées des lyres du musicien et des harpes du prophète; aucune mer dans ses phosphorescences et aucun ciel dans ses étoiles des resplendissements comme le resplendissement de l'humaine conscience chargée de lumineuses et éternelles idées.

» L'idéal senti profondément et exprimé avec beauté, voilà l'art ; dans son éther se transfigure jusqu'à l'univers matériel. La nature serait donc comme un temple sans prêtre ou comme un hiéroglyphe sans interprète, si elle n'était comprise par la pensée et illuminée par la poésie. Les progrès scientifiques, loin de nuire à l'aspect poétique de notre ciel, l'ont démesurément agrandi et brillanté.

» De même que la conception alexandrine du système planétaire, dominante jusqu'aux derniers temps, est supérieure en poésie à la conception asiatique qui imaginait la Terre soutenue par le dos d'un éléphant, maintenue à son tour sur l'écaille d'une tortue, de même notre croyance qui considère le monde terrestre comme un astre de cette immense nébuleuse appelée voie lactée est supérieure à toutes les croyances; sphéroïde lancé dans les espaces infinis par l'attraction, entraîné éternellement vers le soleil, sujet à ses deux mouvements diurne et annuel qui l'obligent à décrire dans le ciel d'éternelles paraboles, suivi de la lune pâle comme la mort et triste comme l'amour, composant un chœur sidéral dans lequel il reçoit des baisers de feu, des rayons de lumière, des courants d'électricité, des reflets d'iris, comme s'il devait former par la combinaison de tous ces présents célestes, en guise de couronne boréale, une guirlande d'enchanteresse poésie.

» La beauté de l'art antique consiste à personnifier, au moyen de types, les transformations auxquelles la vie est assujettie dans le mouvement universel. La Daphné qui fuit le soleil et cherche la fraîche fontaine, transformée en laurier de nos torrents, les sœurs de Phaéton l'audacieux, changées en ormeaux gonflés de cette gomme pareille à l'ambre dont se paraient les femmes du Latium ; les marins irrespectueux au point d'éloigner de Naxos le Dieu de la gaieté, transformés en dauphins, qui suivent le sillon de nos navires et se jouent au milieu de l'écume des ondes ; toutes ces métamorphoses me portent à me demander quelles magnifiques légendes les temps à venir ne puiseront pas dans nos idées sur la circulation de la vie, qui nous montrent comment les plantes sont autant de laboratoires chimiques, destinés à transformer la matière inorganique, en convertissant le mercure des fumiers et l'ammoniaque des pluies en des fleurs où les papillons vont peindre leurs ailes et les abeilles boire leur miel, et nos corps des récipients qui, par absorption, par assimilation, convertissent le phosphore des feux follets en matière cérébrale, le fer des mines en rouges globules sanguins, la chaux de nos chemins en os, et l'aurore venue à l'improviste illuminer nos nuits en courants magnétiques, dont la vertu meut les nerfs humains comme l'archet la cithare et nous apporte le présent de sa vie céleste pour nous pénétrer de notre liaison étroite avec le reste de l'univers.

» On n'en peut douter ; à mesure que l'idée de la nature grandit dans l'intelligence, le sentiment de la nature grandit à son tour dans le cœur ; et à mesure que le sentiment de la nature grandit dans le cœur, la poésie de la nature grandit dans les imaginations. Le monde asiatique faisait de l'animal comme le Dieu de ses autels, le symbole de ses arts, le protagoniste de ses poésies ; et cette manie était explicable, étant donnée. la densité de cette matière, dans le sein de laquelle s'absorbait et se dissipait l'infinité de l'âme humaine. Pour que l'homme brisât sa consubstantialité avec le monde, il fallut une distinction radicale entre l'Éternel et son œuvre : cette distinction réalisée dans les déserts, au pied du Sinaï, sur la terreuse Palestine. Mais après que le monde oriental eut fait s'absorber l'homme dans la nature, le monde gréco-romain personnifia la nature dans l'homme. Chaque dieu incarna une phase de la vie universelle en l'individualisant. Contre une semblable apothéose de l'homme et en vertu de cette succession d'action et de réaction qui règnent dans l'histoire, survient le mysticisme du Moyen Age, en faisant de nouveau s'évanouir les créatures non plus dans la nature, mais dans l'Église. Et par une nouvelle réaction, la Renaissance divinise la forme humaine, sinon dans les cieux de la théogonie, du moins dans les cieux de l'art. Et la nature disparaît de nouveau absorbée par l'homme comme aux temps helléniques. Aucune des belles formes, qui existent pour exprimer l'idée, n'a en fait de puissance rien qui soit comparable à celle qui réside dans une statue isolée pour signaler la supériorité de notre personne libre sur le monde qui l'environne.... »

Nous avons cité ce passage tout au long, parce que ainsi qu'une foule d'autres qui se rapportent aux sujets les plus divers il suppose une somme considérable de connaissances de toutes sortes et corrobore ce que nous avons dit dans la deuxième partie de l'étendue de son savoir et de sa manière poétique.

Revenons au début de son discours. Il poursuit ainsi :

« ... C'est une tâche difficile en vérité que de prétendre démontrer la poésie d'une époque taxée de prosaïque à cause de ses tendances politiques et industrielles. Néanmoins pour ma part, loin de partager l'opinion de ceux qui font de tels reproches, je crois, au contraire, que jamais la poésie lyrique ne trouva des accents aussi élevés, de même qu'en aucun temps la liberté ne trouva des chantres d'inspiration aussi variée que dans notre siècle.

» Au début de notre siècle, au commencement de notre guerre de l'indépendance, alors que l'incendie ravageait nos champs et que nos rivières étaient teintes du sang de nos soldats, on entendit sourdre l'inspiration volcanique de Quintana excitant la native énergie de notre race et faisant un crime du moindre manque de foi dans l'avenir de la patrie. Un peu plus tard le plus mélancolique des poètes italiens, Leopardi, errant à l'ombre des arches à demi démolies et des murs tombés en ruines que les ronces recouvrent d'un suaire de fleurs jaunes, et que le hibou attriste avec ses cris aux échos sinistres, trouvait la lyre héroïque de Simonide, et lui arrachait des stances dignes d'êtres gravées dans les défilés des Thermopyles et de résonner dans les eaux de Salamine et dans les champs de Marathon et de Platée. Et à quelque temps de là un patricien anglais de complexion inquiète, de famille normande, de volonté changeante, d'imagination impétueuse, couronné par les épines de ses doutes qui lui transperçaient le front, et consumé par le feu de l'inspiration qui embrasait tout son être, après avoir couru des chances variables dans tant de tourmentes et de passions, arriva le cœur gonflé d'un amour alors heureux et sans nuages, les lèvres vibrantes de cantiques déjà immortels, en Grèce, dans l'exaltation de son être et dans la fleur de sa jeunesse demander la mort à l'immortalité hellénique et une sépulture au berceau des poètes et des dieux. Et quand nos héroïques proscrits de 1823, cette légion sublime qui portait dans ses mains le Don Alvaro de Séville et dans l'esprit le Don Félix de Salamanque, faisaient leur entrée dans leur mère patrie, alors même commençait son élégie dans l'exil un poète slave, enfant de prédilection de l'infortunée Pologne, si passionnément amoureux, à cause de ses malheurs, de la patrie opprimée qu'il la voyait se refléter dans le foyer étranger où pétillait la bûche de Noël, soutenant avec les lances de ses soldats la coupole de Saint-Pierre vacillante au choc de tant d'hérésies; vision surprise dans le ciel de la mère patrie regardé pour la dernière fois avec les yeux rougis qui cherchent vainement les anges apocalyptiques, préposés par la colère céleste au châtiment de ces tyrans, dont les sbires avaient égorgé les prêtres au pied des autels, pour étouffer la prière que l'humaine affliction adresse à la divine miséricorde, et arraché des tombeaux les os de cent générations pour extirper jusqu'aux dernières racines par lesquelles s'unit à la terre la vie d'un grand peuple. Et à leur tour les oppresseurs de la Pologne engendrèrent des poètes et durent les opprimer. Celui par le génie de qui la langue moscovite vivra éternellement, selon l'opinion la plus admise, vint au monde doué de fantaisie créatrice, et les premiers harpèges de cette fantaisie, dans l'aube de la vie, à l'âge des naissantes illusions, quand les yeux ne découvrent que des papillons, et les oreilles ne perçoivent que des mélodies, les premiers harpèges, disais-je, de sa fantaisie furent consacrés à chanter la liberté. Ce cantique lui valut un exil dans l'adolescence et cet exil une tristesse inextinguible pour le reste de sa vie dont la moitié fut consacrée à plaindre les douleurs de la servitude, et l'autre moitié à chercher la poésie dans l'histoire et dans les traditions. Et agité par les étincelles électriques de ses inspirations, il courut des steppes à la mer, de la mer au Caucase, du Caucase au Danube, et partout en même temps qu'il respirait l'air pur des montagnes et des champs et des ondes, il recueillait les germes d'une poésie nationale conforme aux traditions. Et sa vie se traîna défiante entre des sbires et s'éteignit tristement dans un duel. Et le meilleur de ses poèmes, *Oneguine*, célèbre le dégoût, et la meilleure de ses strophes plaint un poète jeune qui meurt en emportant dans l'éternité le secret de sa poésie. Mais malgré toutes ses contradictions, si le despotisme lui a arraché ses droits, on remarque dans toutes ses œuvres qu'il n'a jamais perdu le sentiment de la liberté qui se révèle dans toutes ses stances : comme le rossignol captif à qui les pasteurs de la Thessalie arrachaient les yeux pour qu'il chantât davantage, il mettait dans chacune de ses notes et de ses gammes l'amour des bois habités et des horizons parcourus dans des jours plus heureux. Et si les solitudes russes dégagent tant de poésie, imaginez-vous combien plus doivent en dégager les chênes germaniques. Ne parlons pas, puisqu'elle appartient à la dramatique de cette résurrection, de la légende de Guillaume Tell élevant sur les lacs endormis dans leurs coupes de saphir et les neiges rutilantes dans leurs sommets éternels le ciel idéal de la liberté. Parlons des poètes lyriques; Ulhand qui se plaisait à entendre le tintement des clochettes du bétail qui regagne l'étable, et la chanson de la paysanne allant chercher l'eau à la fontaine du village; Ulhand qui suivait le premier vol de la matinale hirondelle et le dernier rayon de la nocturne étoile pour voir si parfois ils ne pourraient pas se rencontrer dans les airs, se transformer de pasteur d'églogues qu'il était en soldat d'épopée, lorsque la conquête réveille dans son âme endolorie l'amour de la patrie libre, et que l'amour de la patrie réveille dans ses sentiments l'aspiration aux droits de l'humanité. Et Théodore Koerner, aiguisant son épée sur les pierres druidiques où les sacrificateurs aiguisaient le couteau pour offrir des sacrifices à leurs sanglantes divinités, court aux batailles à la poursuite d'une balle qui brisant sa poitrine délivre son âme, montrant ainsi à ses frères comment on combat et l'on meurt pour la patrie et pour la liberté...

» Et si l'Allemagne chante de la sorte,

comment chantera la révolutionnaire France? La voix de la liberté se joint à toutes les mélodieuses voix qu'emplirent l'âme de ce poète à qui le ciel permit de calmer avec un seul accent de la sienne les passions débordées de la multitude; et l'amour de la liberté ouvrit la poitrine de cet autre poète qui semblait n'aimer que les idoles d'un jour et ne sentir que les émotions d'un moment dans la riche variété de ses sujets et de ses formes. Mais le Titan de la nouvelle idée littéraire, celui qui renferma l'âme de son siècle dans des versets semblables aux versets d'Isaïe, fut, vous l'avez déjà nommé, Victor Hugo. Né en France, mais élevé dans cette terre des antithèses et des hyperboles, où la native originalité du génie s'est toujours refusée à se plier, aussi bien aux règles artificielles qu'aux traditions plus ou moins arbitraires de l'art, il emporta dans ses veines la sève du terroir espagnol et sur le front le baiser indélébile de notre jour méridional. Et convaincu que tout génie élevé représente à lui seul un système planétaire et se dicte la loi comme un Dieu, il lança le cri de guerre contre les traditions des écoles et contre le faux aristotélisme de la poésie. La Révolution française qui avait réussi à détrôner la monarchie de Versailles avait laissé intact l'infaillible, le sacré, l'ineffable goût versaillais, vainqueur et dominateur durant un siècle et demi dans toutes les régions de l'Europe. Mais dans ces jardins découpés par des combinaisons géométriques où des dieux contrefaits, pâles reflets d'une mythologie éteinte, se pavanaient dans tous les coins, Victor Hugo apparut un jour avec le souvenir qu'il existait encore des forêts vierges et des champs fertiles peuplés d'une vive poésie; et dans ces salons où des courtisans, serrés dans leurs casaques et coiffés de perruques poudrées s'aggloméraient en foule, Victor Hugo surgit également avec le souvenir que non loin de là les peuples mugissaient et grondaient comme une mer furieuse; et sur le théâtre soumis aux unités comme les jardins à la géométrie, Victor Hugo apparut encore avec le souvenir que sur les sommets de la gloire planeraient revêtus de l'immortalité Lope, Shakspeare, Calderon, qui ne suivirent d'autres codes que les quasi divins de leurs célestes inspirations; et au moyen de principes si simples, enfermés dans des vers fulgurants, il fonda la souveraine liberté du génie et rendit ses ailes à la captive poésie. . . . . .

. . . . »

Tel est à peu près le ton du discours dont nous venons de donner un extrait, afin de permettre au lecteur de se former une idée complète de son style et de sa vaste érudition.

Quelques autres parties sont encore à citer, celle surtout où il démontre les tendances éclectiques de notre siècle en matière d'art. . . . .

. . . .

« ... Nous sommes, en art comme en histoire, beaucoup plus universels et humains... Nous allons de porte en porte, comme l'Œdipe de Colone appuyé sur Antigone, demandant aux vivants la cause de notre péché originel, et de tombe en tombe, comme l'Hamlet danois qui vient de maudire Ophélie, demandant aux morts l'énigme de nos éternels et impénétrables destins. Nous sentons dans nos mains le poids des chaînes, et dans notre foie les coups de bec des vautours qui là-bas dans le Caucase tourmentaient le *Titan* d'Eschyle, et dans notre âme cette envie de la liberté dont jouissent l'oiseau, la brute, le ruisseau qui coule librement, que ressentait le *Sigismond* de Calderon, dans l'Espagne des ensorcelés et des inquisiteurs. Nous cherchons en Judée le sépulcre de la fille de Jephté, en Grèce celui de la malheureuse Iphigénie, à Vérone celui de la pauvre Juliette, pleurant avec tous les malheureux, dans tous les temps, les infortunes de l'amour. Nous assistons par l'esprit aux jeux pythiques pour boire dans des coupes ciselées par Praxitèle de l'eau de Castalia, et entendre sous les branches du laurier d'Apollon des vers de Pindare et des pages d'Hérodote, pendant que les athlètes vainqueurs reçoivent leurs couronnes, et que les vierges grecques tressent leurs danses religieuses sous le portique d'un temple plus harmonieux qu'une ode et en présence d'un dieu aussi serein que les horizons de la Grèce. Et ensuite, ainsi que de pauvres pénitents de la Fuerza del Sino, nous allons au désert couverts de bure, ceints du cilice, macérer dans la pénitence un corps endolori, et nous embrassons la croix de pierre qui marque l'entrée des retraites du Seigneur ; et nous nous sentons émus à l'écho du bourdon, qui aussi bien convoque les vivants, qu'il plaint les morts ; et nous nous réfugions à l'ombre des tours de l'ogive et du cyprès ; et comme la cigogne nous fabriquons, dans les flèches des églises ou dans les lucarnes des panthéons, des nids de ronces pour nos âmes désabusées, et entonnant le *Miserere* de toutes les pénitences, nous creusons avec la bêche notre sépulture, pas tant pour avoir un trou dans la terre, que pour rappeler aux forces dévastatrices de la nature que nous existons, et demander à l'ange de la mort qu'il ne disperse pas nos cendres avec ses ailes, et qu'il nous laisse, dans le sol recouvert de l'herbe des champs et humide de la rosée du ciel, attendre dans le sommeil éternel que la miséricorde divine ait pitié de nous et nous pardonne nos erreurs et nos fautes, à l'heure apocalyptique du dernier Jugement. Oui, nous appartenons à tous les arts et à toutes les littératures, pourvu qu'elles naissent d'une conviction sincère et d'une inspiration simple et ingénue. »

Les quelques lignes dont se compose le petit morceau qui précède sont tout simplement un chef-d'œuvre et nous aurions eu mauvaise grâce à en priver le lecteur. Cent vers ont servi à Gray de sauf-conduit pour passer à la postérité : la phrase que nous venons de transcrire suffirait, à elle seule, pour assurer à Castelar une juste célébrité. On ne peut rien imaginer de plus pur dans la forme ni de plus gracieux et de plus attrayant dans le fond.

N'avions-nous pas raison de dire que Castelar est un des plus grands poètes contemporains ?

IV

Nous bornons là l'examen de l'œuvre d'Emilio Castelar. Nous n'entreprendrons pas la critique de son *Discours à l'Académie*, ce qui serait présomptueux de notre part; nous dirons seulement qu'à travers certaines réticences, nous avons cru voir, peut-être nous sommes-nous trompés[1], se dessiner une tendance un peu trop marquée à flatter notre siècle outre mesure, sous certains rapports. Mais encore

1. Au quel cas nous renverrions pour l'explication de notre erreur à la page 162.

qu'ayant rendu à son talent l'hommage mérité auquel il a droit et qu'en raison de cette circonstance nous soyons tout à fait à notre aise pour examiner, d'une façon attentive, quelques-unes des opinions émises dans ce discours, nous ne le ferons pas par égard pour la grande autorité de son auteur et vu notre insuffisance notoire. Mais nous demandons l'autorisation d'émettre quelques généralités qui, sans viser qui que ce soit, nous permettent de formuler, à notre tour, une opinion, et de combattre, dans la mesure que nous croyons juste, la propension de notre époque à se considérer infiniment supérieure au temps passé.

C'est un acte de justice à accomplir, acte que l'illustre tribun lui-même n'hésiterait pas à remplir. Nous le répétons, nous ne voulons ni critiquer des écrits, ni abaisser systématiquement notre siècle. Nous voulons seulement dire en quelques mots ce qu'il faut admettre et ce qu'il faut rejeter de certaines tendances trop optimistes. En histoire, pour apprécier d'une manière juste, il faut avoir bonne mémoire. Les générations venues les dernières dans l'ordre des temps la perdent parfois un peu étourdiment, et procèdent à l'égard des temps qui ne sont plus comme certains jeunes gens à l'égard de leurs grands-parents, avec un peu trop de dédain inconscient. Nous voulons simplement rafraîchir les mémoires, mettre s'il se peut chaque chose à la place qu'elle doit occuper. Aussi bien le meilleur moyen de servir son époque, c'est de lui dire la vérité, rien que la vérité. Si l'histoire des temps passés recèle des enseignements dont nous puissions tirer quelques avantages, ce serait un mauvais moyen de nous préparer à en profiter que de nous croire autrement faits que les hommes des autres générations, d'une nature supérieure et comme sortis de la cuisse de Jupiter, expression juste mais banale comme tout ce qui est vrai. Flatter son siècle outre mesure, c'est procéder comme certains théoriciens des doctrines socialistes qui bercent les masses en plaçant sous leurs yeux les chiffres imaginaires du budget présumé que le communisme pourrait un jour leur distribuer. C'est substituer une chimère à la place de la médiocre mais solide réalité. On ne nous reprochera pas de l'avoir fait.

Castelar, ainsi que nous l'avons dit, est un enthousiaste de son temps; pour lui, notre siècle surpasse tous les autres, il dresse complaisamment l'inventaire de ses génies, de ses poètes, de ses institutions, de ses conquêtes et de ses progrès scientifiques, et il conclut que nous n'avons rien à envier aux temps passés, au contraire. Jusqu'à un certain point Castelar a raison.

Cependant nous ne pouvons pas le suivre dans toutes ses apprécations.

Sans doute notre siècle est grand de la grandeur de toutes les sciences et de tous les progrès industriels accumulés ; sans doute certaines idées telles que l'émancipation de la pensée et de la conscience ont grandi démesurément dans notre siècle. Mais est-il aussi vrai de dire que l'idée poétique, l'idée philosophique, voire même l'idée religieuse, aient grandi en proportion ? Peut-on soutenir, par exemple, que le spectacle de nos joutes industrielles, les merveilles de notre mécanique, les métamorphoses de notre chimie, soient de nature à susciter chez les poètes de l'avenir ou chez les nôtres les mêmes élans d'inspiration qui ont animé les poètes, les artistes et les littérateurs de l'antiquité, de la Renaissance et des temps modernes?

Les guerriers de l'avenir trouveront-ils des Homère et des Simonide pour les chanter? Les spectacles de la nature, l'agriculture et la navigation auront-ils leur Ovide, leur Virgile, leur Camoëns, leur Ercilla, ou même leur Saint-Lambert?

Nous ne le pensons pas. Autant la *Pharsale* de Lucain est inférieure à l'*Iliade*, autant les poèmes épiques et didactiques de l'avenir seront, par une loi fatale, inférieurs aux poèmes de ce temps. Dans quelles régions pourra donc se poser l'inspiration poétique des poètes futurs si toutes ces issues leur sont à jamais fermées? Ces entraves mises à l'inspiration poétique de l'avenir, nous commençons à les ressentir nous-mêmes dans le présent. Nous vivons sur la poésie qui s'épanche du passé plutôt que sur la nôtre propre.

Loin de nous cependant la pensée de rabaisser ce siècle qui est le nôtre. Aussi bien, on l'a déjà dit, prétendre trop de mal de son siècle, c'est s'estimer meilleur que lui, c'est faire œuvre de vanité. Mais en dire trop de bien n'est-ce pas aussi se flatter indirectement ? N'y aurait-il pas d'ailleurs injustice à attribuer à notre temps tout le mérite des bienfaits dont nous jouissons? Évidemment oui. Répétons-le, notre siècle, à ne le considérer qu'au point de vue des améliorations immenses qu'il a réalisées, au point de vue du bien-être de la vie matérielle, est incontestablement au-dessus de tous les temps. Mais s'il s'agit de le considérer au point de vue de l'effort intellectuel produit, il en est tout autrement, et l'on peut faire de sérieuses réserves à cet égard.

Et, même au point de vue matériel : combien de siècles à qui il ne manqua que d'avoir pu appliquer la vapeur aux chemins de fer pour s'élever bien au-dessus du nôtre ! Qui pourrait dire, par exemple, le degré de perfectionnement et de culture où serait aujourd'hui le monde si les chemins de fer avaient existé au temps d'Auguste ou même de François Ier ?

Oui ! mais c'est que, nous dira-t-on, les chemins de fer n'existaient pas de ce temps-là et c'est nous qui les avons trouvés. Cela est vrai, pourrons-nous répliquer à notre tour; mais si le XIXe siècle a trouvé les chemins de fer, et bien d'autres choses! c'est parce que tous les autres siècles ont travaillé pour lui, c'est parce que, en s'en allant dans l'éternité, ils nous ont laissé en héritage les précieuses conquêtes de leur savoir et de leur labeur; c'est enfin parce que les progrès scientifiques d'une époque, par rapport à celle qui l'a précédée, ne peuvent être dans un rapport simple, mais bien dans un rapport composé, et qu'en matière d'avancement l'humanité joue une martingale immense où le dernier venu dans l'ordre des temps non seulement accapare le produit accumulé de tous ses ancêtres, mais encore double infailliblement la somme des connaissances qu'on lui a léguées, en sera-t-il ainsi de nous?

Notre siècle, pris en général, souffre d'un grand travers qui est dans tous les individus pris en particulier ; il se vante, il se targue un peu trop d'être le seul auteur d'une œuvre pour laquelle il a reçu mainte et mainte collaboration. A l'entendre, tout ce qui est grand, tout ce qui est utile, tout ce qui est merveilleux lui appartiendrait en propre, il serait, suivant une expression consacrée, l'enfant de ses œuvres et ne devrait rien à ses grands-parents, les siècles, ses devanciers. C'est là une prétention qui dénote plus de suffisance que de réel mérite. Nous laissons à l'histoire le soin d'en faire justice. Quant à nous, bien loin de souscrire à toutes les prérogatives qu'il s'arroge, nous pensons, à tort ou à raison, qu'au point de vue intellectuel aussi bien qu'à beaucoup d'autres points de vue, il n'a rien de particulièrement remarquable, et que c'est tout au plus s'il atteint une capacité moyenne.

Pour le prouver, tout en s'abstenant de rien lui enlever de son mérite, il suffit de jeter un coup d'œil rétrospectif sur les siècles passés, et un coup d'œil d'ensemble sur les découvertes modernes.

Sans vouloir parler de la puissance militaire, — puisqu'elle est en défaveur de nos jours, — que pour mémoire, il est bien certain que, comme puissance, on ne trouve dans notre temps rien qui soit comparable à aucune des trois grandes hégémonies qui ont signalé le temps des Romains, l'empire de Charlemagne, ni même la puissance d'un Charles-Quint. Il est bien évident qu'à ce point de vue tous les exploits, tous les grands faits d'armes qui ont servi d'aliment à l'imagination de tant de poètes et d'artistes et à tant de chefs-d'œuvre tendent, ainsi que nous l'avons déjà dit, à disparaître de plus en plus; que c'est là un élément d'inspiration sur lequel il n'y a plus à compter et que dans cet ordre d'idées notre siècle ne peut rien enfanter qui vaille les productions anciennes.

Pareille chose peut être affirmée sans contredit de la navigation. L'ère des grands voyages des Hannon, des Christophe Colomb, des Bougainville, des Vasco de Gama, des Sébastien El Cano, toutes ces épopées qui, à force d'être grandes, paraissent fabuleuses, est à jamais close et avec elle disparaît encore un des grands foyers de poésie et d'inspiration. Nous avons, il est vrai, aujourd'hui des engins nautiques bien autrement perfectionnés que n'en a eu aucun temps; la vapeur a ouvert à la marine de vastes horizons. Jamais on ne vit les mers sillonnées par ces grandes machines, sortes de villes flottantes qui s'appellent le *Dulio*, le *Great Eastern*, la *Normandie*, cela est sans doute vrai; mais n'est-ce pas un titre de plus à la gloire des siècles passés que d'avoir, avec des éléments infiniment moindres, accompli tant d'exploits mémorables que nos temps ne pourront peut-être jamais égaler? D'autre part qui peut affirmer que les Égyptiens et d'autres civilisations, qui étaient déjà cinquante fois centenaires lorsque la nôtre était encore dans les langes du berceau, n'ont pas eu des villes maritimes qui nous sont demeurées inconnues, qui ont devancé Carthage et Sidon, et dont les colonies se sont sans aucun doute étendues sur toute la rondeur de la planète, et jusqu'en Amérique même, remplie de monuments et de temples sur les murs desquels on retrouve des hiéroglyphes identiques à ceux qui figurent sur les murs des pyramides, des hypogées, et sur les temples de Thèbes et de Memphis ; qui peut affirmer que ce peuple, qui avait connu le nouveau monde bien avant que Christophe Colomb y eût mis les pieds, qui peut, disons-nous, affirmer qu'il n'ait jamais eu de vaisseaux plus puissants que les nôtres?

Que reste-t-il donc à l'avantage de notre siècle? Il reste, admettons-le pour un instant, les merveilles de la mécanique, la vapeur et l'électricité.

Mais est-il une seule de ces merveilles dont il ne soit redevable en grande partie aux siècles qui l'ont précédé? Et y a-t-il dans ces découvertes quelque chose qui dépasse, comme grandeur, certaines autres découvertes que d'autres siècles ont faites? En quoi l'application de la vapeur, par exemple, est-elle dans l'ordre intellectuel supérieure ou même comparable à la découverte de la gravitation par Newton? Et puisque nous parlons de Newton et de la mécanique, cette science, qui a pour objet l'étude des moyens par lesquels on peut augmenter l'effort d'une puissance à l'aide des changements de direction dont les forces sont susceptibles, aurait-elle l'importance qu'elle a acquise de nos jours si tant de génies des temps passés n'en avaient posé les bases? Qu'on nous montre les Galilée, les Archimède, les Archytas de la mécanique moderne! Les machines de nos jours sont plus savantes et plus nombreuses, soit; mais encore faut-il reconnaître que la théorie mécanique nous est parvenue absolument formée ; et si l'application de ces principes a reçu de nos jours une plus grande expansion, cela tient à des causes d'un ordre plutôt économique que purement scientifique. Dans des conditions économiques, identiques aux nôtres, le XVIIIe siècle eût pu faire tout aussi bien que nous. Remington s'est acquis une certaine réputation dans le monde militaire pour avoir inventé une culasse de fusil qui transformait en mouvement de pression le mouvement de recul que la force de la poudre imprime à la culasse des armes à feu, qu'est-ce sinon l'effet obtenu par la vis d'Archimède transformant la propension de l'eau du tube à descendre vers le bas en un mouvement contraire, c'est-à-dire ascensionnel ?

Voilà donc une nouveauté vieille de plusieurs milliers d'années. Elle n'est pas la seule, nous le verrons, qui se trouve dans le même cas.

Quant à la machine à vapeur, elle n'est pas de notre temps. Papin, James Watt nous en ont fait don. Les applications que cette force a reçues de nos jours sont merveilleuses, c'est incontestable. Les chemins de fer ont changé la face et reculé les limites du monde, cela est non moins incontestable; mais, même dans ce domaine que beaucoup de personnes croient nous être absolument exclusif, on pourrait démontrer que la part qui nous revient est bien plus restreinte qu'on ne se l'imagine. En premier lieu il est bien évident que sans la vapeur il n'y aurait pas de chemins de fer. Or, la vapeur nous a été léguée par le XVIIIe siècle. Arago, peu suspect de partialité, est obligé de reconnaître « qu'il n'est pas une de nos inventions, *grandes ou petites*, parmi celles dont les machines à vapeur actuelles offrent l'admirable réunion, qui ne soit le développement d'une des premières idées de Watt » ! Or, Watt, comme on sait, est né en 1736, il y a juste aujourd'hui cent cinquante ans, et la machine à vapeur existait bien avant lui. En second lieu, la traction sur des voies à ornières ou à rails indistinctement existait en Angleterre, celle à ornières de bois depuis 1676 et celle à rails ou ornières de fer depuis 1745. On voit que par l'adaptation de la machine de Watt à la traction des wagons que traînaient les chevaux sur les voies à rails de fer, les chemins de fer étaient déjà inventés en 1750. Il ne restait plus que la question d'application qui, celle-là, est une question de temps et d'argent plus que toute autre chose. Notre siècle, donc, ne saurait sans injustice s'attribuer tout le mérite des heureux résultats obtenus par les chemins de fer, dont l'idée et l'invention lui ont été transmises par les siècles antérieurs au nôtre, et dont il n'a fait qu'appliquer ou étendre le principe.

Parlons un peu maintenant de l'électricité. L'électricité, tout le monde le sait, était très anciennement connue. Il y a mieux, comme agent thérapeutique, cette application, que l'on croyait si récente (*encore* une illusion qui se dissipe !), elle a été employée par les médecins de l'antiquité près de vingt-deux siècles avant nous. On nous accusera peut-être d'être un iconoclaste, de démolir les idoles de ce temps; mais est-ce notre faute si le respect que l'on doit à la vérité nous oblige à mettre un peu d'ordre dans la comptabilité d'une époque qui inscrit, à son actif, une partie de l'avoir de son voisin? Franklin, que l'on s'est plu à appeler le nouveau Prométhée, ne peut plus aujourd'hui revendiquer ce titre à lui seul, il le lui faut partager avec un précurseur dans la carrière : les Romains avaient connu les paratonnerres plus de deux mille ans avant que son génie voulût bien nous doter de cette restitution ou de cette découverte, comme on voudra l'appeler. Il est un fait bien certain, c'est que Franklin n'a fait que retrouver une invention qui s'était perdue, que d'autres avaient connue avant lui et avant nous[1].

En effet, Aruns, devin étrusque, qui

1. La découverte de Franklin est d'ailleurs du siècle dernier.

vivait au temps de César, connaissait parfaitement le moyen d'attirer l'électricité des nuages et de la diriger vers le centre de la terre. Et bien avant lui (plus de trois cents ans avant lui) Numa Pompilius avait fait sur ce sujet des expériences importantes et Tullius Hostilius fut foudroyé dans une de ces opérations.

Mais enfin, dira-t-on, le télégraphe est cependant bien l'apanage exclusif de notre siècle? Hélas! non; pas même le télégraphe. Quelque atteinte qu'en doive ressentir notre amour-propre, s'il faut rendre à chacun ce qui lui appartient, nous sommes obligés de reconnaître que, dans cette découverte encore, nous ne sommes que de compte à demi avec les temps qui nous ont précédé.

En effet, dès 1790, il était déjà fortement question d'utiliser l'électricité pour produire des signaux; et ce qui surprendra encore davantage, c'est que c'est en Espagne, ce pays taxé d'ignorance et d'obscurantisme, qu'eurent lieu, en 1794, les premiers essais de télégraphie électrique.

Voilà donc réduite à sa juste valeur la part qui incombe à notre siècle dans les trois grandes découvertes auxquelles il doit tout ce qu'il prétend de supériorité sur les temps passés. On peut tirer de cet aperçu cette conséquence, que l'héritage scientifique légué par nos pères était singulièrement étendu, et que si nous l'avons accru et développé depuis, il n'en est pas moins incontestable que ce sont eux qui en ont posé les fondements, que ce sont eux qui ont défriché et ensemencé le vaste champ dont nous recueillons aujourd'hui la moisson. Voyons un peu quelques autres sciences.

La médecine a fait de grands progrès de nos jours, rien n'est plus vrai; on connaît mieux la nature et les classifications des tissus; les fonctions physiologiques sont plus déterminées; la pharmacopée a étendu le catalogue de ses compositions, de ses potions, de ses panacées. Le charlatanisme empirique s'est mis tant soit peu de la partie, et sous le couvert d'une science aux allures outrecuidantes, débite effrontément des orviétans qu'elle fait payer au poids de l'or. L'anatomie générale et particulière accroît tous les jours le nombre de ses descriptions et de ses divisions de plus en plus innombrables et subtiles. Bientôt même, si cela continue, un génie des plus vastes, fût-il celui d'Aristote, ne suffira pas à embrasser la moins importante des innombrables branches dans lesquelles se subdivise l'art de guérir. Mais au milieu de toutes ces minuties dans lesquelles la médecine se noie de nos jours, et qui sont à la vraie science ce que la miniature est à la fresque et au grand art, qu'on nous signale une grande découverte, quelque chose qui soit comparable à celle de la circulation du sang par Césalpin, Servet et Harvey, ou à celle des vaisseaux lymphatiques dévoilant la fonction de la nutrition par Pecquet, qui sont les assises fondamentales de la science? On s'extasie devant certaines inductions de savants contemporains en matière de physiologie cérébrale; mais cet axiome qui lui sert de point de départ aussi bien qu'à l'étude du système nerveux : « La faculté maîtresse a son siège dans la partie qui est l'origine des nerfs; or, les nerfs ont leur origine dans l'encéphale, c'est donc là que réside la faculté maîtresse », n'a-t-il pas été formulé par Galien deux mille ans avant que Claude Bernard soit venu au monde? Combien de théories nouvelles, ou soi-disant telles, mises en avant par des savants contemporains qui ne sont que le ravaudage ou l'exhumation de doctrines qui se perdent dans la nuit des temps? — cette fameuse nuit où l'on place toutes les origines incertaines. Exemple la théorie du déterminisme de Claude Bernard, qui est virtuellement contenue dans les doctrines de Galien où il l'a puisée. Là encore, la science la plus moderne est obligée de se reconnaître tributaire des siècles passés, des Galien, Asclépiade, Harvey, Stahl et cent autres génies, Vicq d'Azyr, J.-B. van Helmont, Hoffmann, pour ne pas parler de Boerhaave et des écoles italienne et hollandaise auxquelles la médecine est si redevable et dont les travaux sont à la science médicale ce que les chefs-d'œuvre des grands maîtres de la Renaissance sont à la peinture, c'est-à-dire inimitables et inimités.

Si de la médecine nous passons aux autres sciences naturelles, que voyons-nous? Chose étonnante, pas une des grandes conquêtes scientifiques qui nous sont attribuables. Laplace est mort en 1827; sa longue et laborieuse carrière, qui clôt pour ainsi dire le domaine des grandes recherches astronomiques dans les temps modernes, appartient autant au XVIIIe siècle (il est né en 1749) qu'au nôtre. Est-il d'ailleurs un astronome ou un observateur contemporain qui soit comparable aux Képler, Herschell, Cassini, et tant d'autres qui ont, pour ainsi dire, épuisé le domaine de cette science merveilleuse? Que peuvent être auprès de ces prodiges de génie les observations astronomiques d'un Leverrier, les romans pseudo-scientifiques des Jules Verne, des Flammarion et autres négociants en librairie? Il ne saurait d'ailleurs en être autrement; car s'il est une science sur laquelle la sagacité humaine se soit exercée, cette science est bien, à coup sûr, l'astronomie. Tout avait été dit, tout avait été fait sur elle lorsque nous sommes venus au monde. Depuis le jour où ce capitaine grec donna, sur le champ de bataille de Troie, la première explication, aussi exacte que celle de nos jours, d'une éclipse de soleil, jusqu'à celui où, en 1799, le marquis de Laplace fit paraître sa *Mécanique céleste* (ouvrage qui suffirait à lui seul à illustrer ce XVIIIe siècle déjà si fécond en génies et qui fut le produit des méditations de plusieurs générations), il est inouï de considérer la somme de savoir et de labeur que représentent les travaux faits sur l'astronomie ; et quand on pense qu'il en est à peu près de même pour un grand nombre d'autres branches du savoir, loin de se sentir envahi par un sentiment d'admiration pour notre siècle, on est au contraire stupéfait d'avoir à constater l'immensité de la tâche accomplie par les siècles passés, la somme fabuleuse de génie qu'ils ont produits, et la médiocrité des productions et des travaux de notre temps. Tout, depuis le microscope jusqu'au télescope, nous est parvenu pour ainsi dire achevé.

Il n'y a à vrai dire que dans le domaine des sciences naturelles où notre siècle peut émettre quelques prétentions sérieusement fondées, non point dans les classifications zoologiques et botaniques dont nous sommes redevables à Linné, Cuvier, Buffon, d'Alembert, etc., mais dans le domaine de la géologie et de ses dépendances et de la minéralogie. Ces deux branches de l'histoire naturelle et la métallurgie, qui s'y rattache, sont bien le produit des investigations des savants contemporains. En ce qui concerne la chimie métallurgique, la plus grande partie des découvertes sont dues aux tendances mercantiles de notre époque, à ce qu'on a appelé l'industrialisme.

L'esprit de négoce et le désir de faire promptement fortune sont des stimulants tellement puissants qu'ils peuvent vaincre toutes les atonies et susciter les efforts les plus extraordinaires pour arriver au but désiré. De là cette multitude d'ingénieurs des arts, des manufactures, des mines, etc., que l'on a vu surgir de toutes parts dans ces cinquante dernières années.

La science en a fait son profit, il y aurait mauvaise grâce à ne pas le reconnaître ou à s'en plaindre. Bien différentes sont les causes qui ont motivé les révélations de la géologie. Plus noble en ce sens qu'il a toujours été exempt de vénalité, l'esprit qui a suscité cette fiévreuse curiosité de connaître ou de déterminer quelles sont les lois qui ont présidé aux phénomènes de la stratification des sédiments géologiques a été engendré par le désir d'étayer des doctrines philosophiques et des systèmes de cosmogonie qui ont vu le jour dans ces derniers temps.

Les savants qui s'y sont livrés avec ardeur ont été ceux qui étaient les plus engagés dans les querelles des sectes qui se partagent aujourd'hui le champ de la philosophie ; il en est résulté un ensemble de constatations qui, classées et coordonnées, ont formé un corps de science encore fort incomplet, soit dit en passant, et sur les données de laquelle les savants eux-mêmes sont loin d'être d'accord.

Néanmoins comme les intérêts les plus vitaux de l'humanité sont engagés dans ce débat qui se rattache par mille endroits à toutes les idées religieuses et même morales et politiques des sociétés, en ce sens que d'après l'opinion de Littré lui-même, « selon que le monde est conçu d'une certaine façon les esprits se règlent, les mœurs se forment, les institutions se groupent », il est presque certain que cette science finira par s'asseoir elle aussi et qu'elle arrivera à des déductions qui seront en dehors de toutes contestations. Ce sera, croyons-nous, un des plus beaux titres de gloire de notre siècle. Pour être justes il faut aussi compter à son actif la plupart des connaissances sérieuses que nous avons en ethnographie et surtout en linguistique. Les seules études méthodiques et raisonnées qui aient été faites des monuments, des mœurs et des religions de l'antiquité, ainsi que des racines des langues l'ont été de nos jours. La science est grandement redevable de ces bienfaits aux savants contemporains, les Rich, les Champollion, les Ampère, les Creuzer, les Max Muler et tous ceux qui ont exploré depuis les hypogées d'Égypte jusqu'aux plus anciennes littératures. Ce sont les véritables fondateurs de l'ethnologie telle que nous la comprenons de nos jours.

En dehors du domaine que nous venons d'indiquer, notre siècle ne peut, scientifiquement parlant, rien revendiquer de saillant, non plus que prétendre à une prépondérance sur les autres siècles : 1° ni au point de vue musical ; 2° ni au point de vue littéraire ; 3° ni au point de vue pictural et sculptural ; 4° ni au point de vue architectural.

Nous venons d'indiquer les quatre étapes que nous allons parcourir pour compléter cette étude comparative. Nous le ferons rapidement.

La musique est un art qui a reçu dans ces derniers temps une expansion considérable. Le développement de la richesse publique a eu pour corollaire un accroissement proportionnel dans les jouissances et les divertissements. Le théâtre, qui était jadis un objet de luxe dont un nombre relativement fort restreint de personnes pouvait se donner la satisfaction, est devenu dans notre époque presque une institution sociale, comme le complément obligé de notre civilisation, un lieu où l'on peut, et même où l'on doit aller pour se délasser du surcroît de labeurs que les besoins de plus en plus nombreux de la vie imposent à l'homme moderne. Le théâtre est une institution qui s'interpose comme un agent hygiénique entre l'homme et ses préoccupations incessantes, c'est un lieu où il met bas les armes du combat de la vie, où son esprit vient se reposer et se détendre, reprendre de nouvelles forces et puiser dans les plaisirs licites un stimulant capable de l'aider à surmonter les obstacles et les difficultés qu'il rencontre journellement. C'est la raison qui lui donne cette vitalité que nous lui voyons en dépit de toutes les déclamations plus ou moins sincères auxquelles des moralistes d'occasion se livrent tous les jours contre le théâtre. C'est aussi la raison de la multiplicité des vocations artistiques dans toutes les branches de cet art, auteurs dramatiques, musiciens, comédiens, artistes lyriques, vocations fort légitimes et honnêtes, quoi qu'on puisse dire, tant qu'elles n'engendrent rien qui soit contraire à la dignité. De là est venu dans notre siècle cette expansion de l'art de la musique dont nous parlons. Meyerbeer, Rossini, Verdi, Boito, Wagner, cent autres encore que nous ne citons pas parce que la renommée ne les a pas définitivement consacrés, sont des représentants de cet art, un des plus florissants. Eh bien! en dépit de cela il est certain que nous ne sommes pas au-dessus des autres époques.

Lulli, Gluck, Palestrina, Pergolèse, Paisielo, Cimarosa, Bach, Haendel, Haydn, Mozart et ce Jacopone, cet humble religieux, qui composa cet admirable *Stabat Mater Dolorosa* qu'on chante dans les églises les jours de Vendredi saint, sont des musiciens qui ne le cèdent en rien à ceux que nous venons de citer; et les poèmes des Quinault, des Corneille, des Jean-Jacques Rousseau valent, ce nous semble, les libretti des Piave, des Scribe, des Carré et des Nuiters.

Quelqu'un a dit en parlant du siècle de Louis XIV que les lettres y avaient atteint un tel degré de perfection qu'une femme de chambre de ce temps-là était plus instruite qu'une grande dame de nos jours, affirmation trop absolue pour qu'elle puisse être exempte d'exagération. Mais n'en serait-ce pas une également que de vouloir placer notre siècle au-dessus de celui qui a vu fleurir des littératures comme celles des Fénelon, des Bossuet, des Racine, des Pierre Corneille, des Molière, des Shakspeare, des Calderon de la Barca, des Lope de Vega, des Cervantes, des Swift, des Garcilasso de la Vega, des Fray Louis de Grenade, des Milton, et de quelques autres qu'il serait trop long d'énumérer.

Sans doute Biron, Kœrner, Lamartine, Chateaubriand, Soumet, Léopardi, Ayala, Zorilla, Victor Hugo, Goëthe, Manzoni et quelques autres qui ont vécu au XIXe siècle représentent une somme de génie considérable. Mais compte-t-on pour rien Voltaire, Rousseau, d'Alembert, Diderot, Bayle, tous les encyclopédistes, Pope, Goldoni, Thomas Gray, Maffei, Montesquieu, Bernardin de Saint-Pierre,

Marmontel, Florian, Saint-Lambert, Richardson, Fontenelle, Métastase, Klopstock, Lefranc de Pompignan, Destouches, Demoustiers, André Chénier, Champfort, Campistron, Bourdaloue, Berquin, Beaumarchais, Le Sage, Alfieri, Addison, Mirabeau qui vécurent au XVIIIe siècle?

C'est bien autre chose encore lorsqu'il s'agit de peinture ou de sculpture. En effet, non seulement notre siècle, mais encore aucun siècle dans l'avenir, fort probablement, ne reverra ces Titans de l'art qui s'appellent Buonarotti, Sanzio, Le Corrège, Titien, Murillo, Velasquez, Ribera, Ruiz Dael, Vinci, Van Dick, le Primatrice, Guerchino, Fra Angelico, Rubens, Teniers, Cimabué.

Ne parlons pas de sculpture, puisque depuis que la pierre s'est fondue et animée au brasier ardent du génie de Michel-Ange et au souffle divin d'un Phidias, il est reconnu qu'il est impossible de surpasser ces colosses, et que tout espoir est perdu de voir revivre le foyer où s'allumèrent de telles inspirations. Et pourquoi? La raison en est simple à notre avis : c'est que les milieux, cette terre qui alimente toute idée artistique, se sont singulièrement refroidis et tendent à s'éteindre de plus en plus. Conséquence de cela : manque absolu d'enthousiasme, et, par suite, infériorité des productions de l'art. On a beau tergiverser là-dessus, on ne fera pas que cela ne soit ainsi. A nulle foi, à nulle idée grandiose correspond une nullité proportionnée des œuvres artistiques. Dans un pareil milieu, un artiste qui s'élève au-dessus du médiocre est exceptionnellement doué. Si jamais l'athéisme devenait la conviction dominante dans l'humanité, on peut dire que toute source de grandeur artistique serait à jamais tarie. La peinture de genre pourrait encore languir et se traîner dans les bas-fonds de l'art, mais pour fournir une de ces carrières glorieuses comme l'école florentine et les écoles italienne, espagnole et flamande de la Renaissance en ont fourni, il ne faut même pas y songer. Le scepticisme en envahissant l'âme paralyse les plus belles facultés, s'étend comme un voile sur le regard intellectuel pour lui dérober la vue de l'idéal; et comme l'art ne consiste pas à reproduire servilement les images de la nature, mais à les idéaliser, à les corriger, à les embellir, il s'ensuit que ces facultés disparaissant, l'art en est réduit à n'être qu'un vulgaire plagiat d'images plus vulgaires encore. La peinture ainsi comprise n'a plus sa raison d'être : elle peut être avantageusement remplacée par la photographie; voilà, cependant, où nous en sommes en matière d'art.

Quant à l'architecture, l'inventaire que l'on pourrait faire de ses productions révélerait un état encore plus piteux.

Jusqu'au XVIIe siècle, dit un écrivain contemporain, nous avons eu presque un architecte par siècle et c'est vraiment merveilleux et inouï d'avoir à constater que, contrairement à cette loi qui paraissait constante et définitivement établie, l'architecte de notre siècle est encore à se révéler. Nous avons de grandes rues tirées au cordeau, de vastes places carrées, oblongues ou circulaires, qui sont le triomphe de la ligne droite et de l'uniformité ; des maisons vastes, très vastes, mais moins vastes que carrées et vides de tout style, de vrais phalanstères, que l'on dirait faits pour emmagasiner les confréries laïques de la future société communaliste; un Opéra qui consiste en un grand carré dans lequel rentre un autre plus petit surmonté d'un chapeau, sorte d'étouffoir de lanterne, qui vu d'en haut le fait ressembler au toit d'un wagon de chemin de fer. Et puis c'est tout. Pour ne pas être taxé de partialité il nous faut mentionner encore l'Hôtel de Ville et peut-être aussi la cathédrale de Cologne, qui sont des constructions de nos jours; mais l'un et l'autre représentent des restaurations, d'anciens styles; rien n'y est nouveau, rien ne révèle un genre qui soit de ce temps-ci. Il faut donc forcément nous contenter de ce que nous venons d'énumérer, le cordeau et l'angle droit, additionnés du circuit traditionnel et de l'ovale consacré, pour lesquels il n'est pas nécessaire d'un grand effort d'imagination, on en conviendra. Ce n'est certainement pas par de tels chefs-d'œuvre que nous pouvons espérer en imposer aux siècles futurs ni prétendre à une suprématie sur le passé. Quelle différence entre ces chétifs enfantements et ces cathédrales de Burgos, de Reims; avec ces châteaux de la Renaissance; avec ces chefs-d'œuvre de Pierre Lescot, le Louvre, la fontaine des Innocents; avec cette basilique de Saint-Pierre où l'on croit voir le génie ailé de Michel-Ange courir le long des frises, des volutes et des architraves; avec ce bijou d'architecture romane, cette église de la cité de Carcassonne au transept éclairé par des vitraux peints avec des tonalités perdues aujourd'hui, depuis la fraise écrasée jusqu'à la mauve et au vieil argent qui font que l'esprit évoque, sans le vouloir, cette heure du jour si pleine de mystère où la cloche d'une église de campagne fait tinter le son de l'Angelus.

Nous pourrions poursuivre la série de nos rapprochements et dresser un bilan qui serait peut-être un peu trop accablant pour notre siècle; mais nous risquerions de fatiguer le lecteur. Nous aimons mieux nous en tenir là.

CONCLUSION

Il nous reste à dire deux mots de certaines tendances anti-religieuses de notre temps et de sa versatilité en matière politique. Ainsi qu'on l'a dit, le siècle où nous vivons est une entité faite de contrastes bizarres, un mélange de bien et de mal, où le mal est assez grand pour inspirer de l'inquiétude et le bien assez considérable pour commander l'espérance. A tout prendre il n'est ni meilleur ni plus mauvais qu'un autre, si l'on n'attache pas une grande importance à quelques-unes de ses velléités irréligieuses dans lesquelles il y a peut-être plus de bravade que de méchanceté. Le grand travers de notre siècle est d'aller toujours de l'avant sans savoir où il ira[1]. Il a des fantaisies d'enfant malade que rien ne satisfait; aujourd'hui il lui faut ceci, demain cela; en somme il ne sait pas trop ce qu'il veut et moins encore comment il obtiendra ce qu'il pourrait souhaiter. Il serait cependant grandement temps qu'il s'expliquât. Cela est même urgent, nécessaire. Il faut à tout prix qu'il formule une fois pour toutes le bilan complet de ses prétentions. Que veut-il, où va-t-il, quelles sont ses vues, ses projets, son programme? Veut-il le socialisme? Mais le socialisme, c'est la centralisation poussée à sa dernière puis-

1. Toute cette partie se réfère aux pays qui sont actuellement dans cet état que nous pourrions appeler, en employant le mot d'un écrivain illustre, un état de gestation politique et sociale.

« La société est en gestation d'événements terribles ». L. BLANC.

sance, et il se dit libéral. Veut-il la décentralisation ? Mais la décentralisation c'est l'éparpillement et le gaspillage des énergies sociales, et il veut être fort. Veut-il la liberté dans l'unité, la force dans le droit ? Mais là encore, à vouloir être trop absolu dans ses revendications, ne voit-il pas qu'il y a, au bout de ce désidératum, la tyrannie des démocraties ou du nombre substituée au principe de la liberté pour soi comme pour autrui, et au bout de la tyrannie démocratique la licence, et au bout de la licence la réaction, la dictature, le césarisme et l'oligarchie, et qu'il tourne dans un cercle vicieux ?

Mais, objecte-t-on, les Républiques grecques ont bien vécu cependant heureuses et prospères avec la plus grande somme d'autonomie possible, et de nos jours le système de décentralisation donne aux États-Unis les plus merveilleux résultats. Soit, parlons puisqu'il le faut des républiques grecques et de l'Amérique du Nord. Commençons d'abord par celles-là et nous verrons ensuite pour cette dernière.

Il y a eu les Républiques grecques dit-on; mais où est l'analogie entre la vie primitive des Lacédémoniens et nos civilisations compliquées, surchargées d'organismes multiples se greffant les uns sur les autres et composant le corps social? Nos demeures, notre genre de vie, la consommation prodigieuse que nous faisons de toutes sortes de produits, nos nécessités innombrables, nos relations internationales, nos budgets, nos armées de fonctionnaires et nos armées de soldats, est-ce que ces Grecs dont on parle avaient tout cela à produire, à concilier, à faire mouvoir et à faire marcher de front? En aucune façon. A des organismes simples correspondent des pouvoirs publics peu compliqués; tels les pouvoirs publics de l'ancienne Grèce. Mais de nos jours le problème n'est pas tout à fait aussi simple que cela. L'homme de la condition la plus humble tient dans le monde moderne plus de place que n'en tenait un Amphyction dans le monde des Hellènes. Tous nos corps de métiers suffisent à peine à pourvoir aux besoins de ce roi du XIXe siècle qui s'appelle l'ouvrier, tandis que dans les *Scènes de la Vie de bohème*, Henri Murger nous montre le cas d'un monsieur qui se défait de son mobilier composé d'une table de nuit en donnant pour raison que c'est là une superfluité dont il peut bien se passer, puisque les Lacédémoniens n'en avaient même pas soupçonné l'usage ; ce qui est on ne peut plus vrai.

Toute plaisanterie à part, il est un fait certain, c'est que si pour conduire une *noria* il suffit d'un petit garçon pourvu d'une baguette, pour conduire une locomotive il faut un mécanicien expérimenté, un chauffeur, des ingénieurs pour construire les rouages de la machine, pour régler la marche des trains et assurer la circulation. Nous vivons avec une intensité comparable à la vitesse de ces trains qui franchissent 80 kilomètres à l'heure. Mettez le gamin de la *noria* sur le tender et bientôt il n'y aura plus de société, il n'y aura plus qu'une vaste omelette.

Reste à examiner si le système qui donne de si merveilleux résultats aux

États-Unis serait de nature à en produire de semblables dans les autres sociétés, surtout chez les peuples de race latine. Hélas ! cela est peu présumable. Les différences de tempéraments entre ces deux races sont nombreuses, et il est encore d'autres circonstances qui les séparent tout autant.

En premier lieu la République américaine n'est pas venue au monde avec un héritage de traditions comme les siècles en ont légué un aux races latines, et qu'il leur faudrait répudier pour fonder quelque chose de semblable au système américain, ce qui est absolument impossible.

Il y a ensuite des différences physiologiques notables. Les Américains sont froids, méditatifs, tenaces, taciturnes. La politique est pour eux une affaire au même titre que tout le reste de la vie. De là cette froideur, ce calme des électeurs américains. S'il se fait beaucoup de bruit et de réclame dans leurs élections, c'est le fait des candidats non des électeurs, c'est parce qu'ayant à vaincre des résistances de parti pris, d'opinions arrêtées, il faut de la réclame et qu'il est indispensable de vanter le mérite d'un candidat à l'égal de la Revalescière Dubarry, à grand renfort de grosse caisse.

Nous, c'est bien différent; au milieu des plus mesquines préoccupations perce on ne sait quoi de chevaleresque; notre arène politique est plus celle d'un tournoi, où des chevaliers et des paladins paradent pour les dames, qui sont les idées, qu'une bourse de commerce où l'on suppute les avantages économiques que l'on pourra retirer de la nomination d'un candidat comme on ferait pour tout autre genre de denrée.

La République américaine est une société de marchands qui a pris à ferme une partie du continent, qu'elle exploite au mieux de ses intérêts; plutôt qu'un gouvernement, c'est une espèce de Compagnie des Indes régie par des statuts à la manière de la grande compagnie anglaise. C'est une maison de commerce bien tenue et bien administrée, voilà tout. Les marchands ont toujours eu, c'est un fait digne de remarque, de grandes aptitudes pour le gouvernement. Carthage, Gênes, la Hollande, les Pays-Bas, l'Angleterre, l'Amérique du Nord ont toujours été des pays florissants et ont joui d'une plus large somme de liberté que tous les autres pays.

Rien de semblable ne se retrouve chez nous.

Le livre des Anglais, a dit Castelar, est le *Robinson*, bourré de chiffres, de factures, de recettes, sinon pour faire fortune du moins pour servir dans la vie pratique.

Le livre des Allemands serait *Faust* ou *Werther*.

Le livre des Italiens le *Petrarca*.

Le livre des Français est un mélange de *Pantagruel*, d'*Amadis de Gaule* et du *Contrat Social*. Plus qu'un peuple de marchands nous sommes un peuple de soldats, d'artistes, de philosophes, de visionnaires et de troubadours. Nous allons comme les rapsodes antiques chantant par tous les pays de la terre la romance de la sentimentalité et de plus remplissant le monde entier de notre éclat de rire et mettant flamberge au vent partout où il y a quelque faiblesse à protéger ou quelque injustice à réparer.

Il y a donc entre le tempérament des Américains et le nôtre des différences on ne peut plus caractéristiques. Les peuples d'origine latine qui seraient tentés de les imiter feront bien de réfléchir avant de s'élancer à la poursuite de cet idéal[1]. A chaque jour suffit sa peine; notre siècle

1. Nous n'entendons parler ici que des pays qui, vivant actuellement sous l'empire d'un régime unitaire, seraient tentés de se morceler pour se constituer en confédération à l'instar de la grande République américaine. L'idée d'une ligue des nations latines qui fait beaucoup parler d'elle en ce moment, et dont Emilio Castelar est un des plus chauds partisans pour ne pas dire un des promoteurs, n'est nullement visée ci-dessus. Loin de prêter le flanc à la critique, cette idée est excellente à tous les

a assez fait pour la liberté. Il fera sagement de conserver celle qu'il a sans l'exposer dans des aventures plus ou moins insensées. Cette rage de vouloir toujours aller de l'avant, de vouloir en matière politique chausser les bottes de sept lieues du petit Poucet pourrait le mener loin et tourner à son détriment. Sans vouloir lui conseiller d'aller en arrière pas plus qu'en avant, on doit l'engager à asseoir ses conquêtes avant

points de vue. « L'union fait la force » est une vieille devise qui s'impose plus que jamais aux peuples du Midi de l'Europe et qu'il est urgent de mettre en pratique afin de pouvoir opposer efficacement au barbare et dissolvant « La force prime le droit » des colosses du Nord, cette autre formule plus digne, plus civilisatrice et plus humaine : « Le droit, placé sous l'égide de la force, comme moyen de faire rentrer la force dans le droit » qui sera la devise et la signification de l'union des peuples latins.

d'en entreprendre d'autres, de réfléchir, de récapituler. Notre siècle a encore quinze années à vivre avant d'aller rejoindre ses aînés dans l'éternité; il fera bien d'en profiter pour réparer quelques entraînements irréfléchis qui peuvent n'être que passagers. Non, tout n'est pas si détestable dans le passé qu'il le croit, tout n'a pas besoin d'être balayé, remué de fond en comble. Non, la loi morale n'est pas pour un peuple un hochet ou un épouvantail dont il puisse se passer. Non, les bases immuables sur lesquelles reposent toutes les sociétés ne peuvent être impunément ébranlées. La propriété, la famille, le surnaturel, l'honneur, sont ce granit inébranlable auquel aucune dynamite ne doit avoir le droit ni la puissance de s'attaquer. Tout le reste est peu de chose auprès de cela. Les formes du gouvernement, changez-les ou gardez-les à votre guise, il n'importe, pourvu que cela soit respecté. Hors de là, point de salut. Il est des choses qui ne peuvent être objet de risée ou de dédain. La pierre angulaire de l'édifice américain, est-il dit plus haut, est la *Bible;* qu'elle soit aussi celle du nôtre. Le monde ne produira jamais rien qui soit supérieur à la loi promulguée dans l'Évangile. Avec lui tout peut être détruit, et nous serons encore sauvés; sans lui tout peut être sauvé, et nous serons néanmoins submergés. Il est le Sinaï perpétuellement éclairé sur lequel l'humanité doit avoir les yeux éternellement fixés. Ce n'est pas nous seulement qui vous le disons, c'est un républicain sincère et éprouvé, c'est Castelar. Le moment est en effet solennel; vous avez à choisir entre deux voies diamétralenent opposées : choisissez ; mais choisissez bien, si vous ne voulez pas passer pour une société en démence, aux yeux de la postérité.

Bourloton. — Imprimeries réunies, B, rue Mignon, 2.

ERRATA

Pages	*Lignes*	*Au lieu de :*	*Lisez :*
13	12 et 13	les causes des événements, des époques et des générations	les causes des époques, des générations et des événements
45	13	aublique	publique
52	6	combattu et	combattu, et
94	8	au tumuli	aux tumuli
124	12	autrement	longuement
134	7	pour les lire	pour la lire
145	15	Grèce :	Grèce de
151	18	suspendu autour de son soleil	suspendu de son soleil
153	4 et 5	*supprimez les* —	
158	1	les États	ces États
165	4	divination	divinations
170	19	règnent	règne
172	2	savoir et	savoir, et
178	10	résurrection, de	résurrection de
185	13	Seigneur ; et	Seigneur, et
197	19 et 20	léguées, en	léguées. En
200	2	et à tant	et produit tant
206	19	en 1750	en 1780
225	7	Garcilasso	Garcilaso
226	4	Demoustiers,	Demoustier,
—	—	Champfort,	Chamfort,
—	16	Ruiz Dael	Ruisdael

BOURLOTON. — Imprimeries réunies, B, rue Mignon, 2.

www.ingramcontent.com/pod-product-compliance
Ingram Content Group UK Ltd.
Pitfield, Milton Keynes, MK11 3LW, UK
UKHW021101230726
13926UKWH00004B/1970

9 782019 146887